シニカルな祭典

A Cynical Mega-Event

Tokyo 2020 Olympic Games and Contemporary Japan

東京2020オリンピックが映す現代日本

阿部 潔

ABE Kiyoshi

【関西学院大学研究叢書　第249編】

晃洋書房

はじめに

本書は、コロナ禍により一年延期が決定されて以降の東京2020オリンピックをめぐる政治・社会の動静を振り返り、そこに見え隠れしていた〈わたしたち〉の姿について社会学的な考察を試みた研究書である。開催年の二〇二〇年を迎えるまでおよそ八割におよぶ賛成世論に支えられていた東京2020オリンピックは、その後コロナ禍のために開催延期となって以降、度重なるスキャンダルが発覚したことで国民の多くから批判される事態となった。開催二ヶ月前には「反対・中止」を支持する世論が六割近くに及ぶと各種メディアで報じられた。だが、IOC・政府・大会組織委員会は新型コロナウイルス感染症の流行が深刻化するもとで強行開催に向けて突き進んだ。ひとたび祭典が始まると、テレビなど主要マスメディアは日本選手・チームの活躍を連日報道し、それは「いつものオリンピック」の有り様とさして変わることがなかった。だが、メダル獲得数が史上最高を記録したにもかかわらず、閉幕後の余韻に浸り無事の開催を讃える声が広がることはなかった。祝祭の閉幕とともに、東京2020オリンピック自体が瞬く間に忘却の彼方へと追いやられたのである。

こうした東京2020オリンピックをめぐる一連の不可思議な動向と現象を振り返ることを通して、今の日本社会に見て取れる特徴を浮かび上がらせることが本書の主たる目的である。開催から一年以上が経過した現在の時点から東京大会を学術的に捉え直す意義は、ただ単にコロナ禍のもとで敢行されたスポーツの祭典の是非を問うことに留まらない。なぜなら世間をにぎわせた東京２０２０オリンピックという世紀のメガイベントが巻き起こした一連の騒動を社会学的視点から読み解くことで、日本社会の実像ならびにそこに暮らす〈わたしたち〉自身の姿が浮かび上がるからである。

明確な理念も目的も欠いた中でいささか安易に「復興五輪」を看板に掲げて始まった招致活動の段階から、この社会に暮らす〈わたしたち〉はどのように東京２０２０オリンピックと関わり合ってきたのだろうか。その一連の過程には、オリンピック開催に向けたどのような共謀や馴れ合いが見て取れたのだろうか。招致決定当初から多数派を占めていた「なんとなく賛成」という世論は、コロナ禍のもとで「なんとなく反対」へと大きく反転を遂げた。だが、強行開催が現実味を増す中、それは「なんとなく開催」へと無節操に姿を変えていった。ネット世界を主たる舞台として生み出されたそうした世論の動向は、今の日本社会のどのような特徴を反映していたのだろうか。本書ではオリンピックを契機として垣間見えたいささか不可思議な社会現象に着目し、それを分析し批評する。具体的な事例や世間を賑わせた事件を取り上げながら、一年の延期が決定して以降大会終了までの期間に目まぐるしく変化を遂げていった社会情勢の意味、ならびにそこに潜む課題を社会学・文化研究の観点から多角的に論じる。そのように東京２０２０オリンピックという祭典を振り返り、現在の日本社会が抱える根深い闇を浮かび上がらせることが本書の趣旨である。

全体の構成は、以下の通りである。序章では、すでに過去となった東京２０２０オリンピックを今の時点で〈わたしたち〉自身の問題として振り返り、考えることの意義を明らかにする。第１章「大会のゆくえ

――ネット世論とメガイベント」では、延期決定以降に発覚したスキャンダルを踏まえてSNSに代表されるソーシャルメディアと現在のメガイベントの関係を論じる。そこでの焦点は、ネットユーザーが抱く自ら参加しているとの意識が、どのように東京２０２０オリンピックと〈わたしたち〉との関わりを規定してきたかに置かれる。第２章「危機と祝祭の表象――開閉会式パフォーマンス」では、オリンピック開閉会式の内容を具体的に検討し、そこでなにが／どのように表象されていたかを分析する。そこから浮かび上がるのは大会推進者たちの饒舌なスピーチとは裏腹に、コロナ禍という危機のもとで祝祭を敢行する意義がなにも具体的に示されていなかったという事実である。第３章「祭典のただ中で――不可思議なパラレルワールド」では、開催期間中の東京・日本での社会状況を振り返る。感染症対策としてバブル方式が採用されたことを踏まえてＩＯＣ広報担当者は、その安全性を強調すべくオリンピックが実施される空間は「パラレルワールド」だと豪語し、当時その言葉が大いに物議をかもした。大会の安全性を喧伝した「パラレルワールド」という表現が、どうして人びとの関心と反発を引き起こしたのか。その背景と真意を分析することで見えてくるのは、コロナ禍に見舞われた世界を生きる〈わたしたち〉の日常が、すでにそれぞれにパラレル＝交わらない関係に置かれていた事実である。第４章「喧騒のあとで――落ちた「憑き物」」では、大会閉幕後のメディアと世論のあり方に注目する。徹底した感染症対策を講じることで、主催者側はなんとか無事に大会をやり遂げた。また、競技結果で日本は史上最高の成績を収めた。その意味で東京大会は「成功」だったはずだ。だが祝祭の「その後」に、浮かれた気分や余韻に浸る雰囲気はほとんど感じられなかった。むしろ開催直前までの喧騒がまるで嘘のように、閉幕するやいなや東京２０２０オリンピックという話題自体が一気に終息していった。こうした大会後の社会に現れた不可思議な現象を「憑き物」という視点から検討する。

第1章から第4章までは、一年延期が決定して以降の東京大会をめぐる動向を時系列的に振り返りながら、記述的で評論的なスタイルで議論を展開する。それを受けて続く第5章から第7章では、より俯瞰的な視座から学術的で分析的な議論を繰り広げる。第5章「世論の背景――「もやもや感」の記号論」では、東京2020オリンピックをめぐる社会情勢の変遷を「グレマスの四角形」を用いて分析する。いくつかの二項対立（例えば、賛成↕反対）を軸として設定したうえで、そこで得られる記号論的四角形に照らして現実社会に生じたさまざまな現象の「意味」を明らかにすることを目指す。グレマスの記号論分析を応用することで、本来ならば対立や抗争の関係に置かれるはずの諸事象（例えば、政府による強行開催と人びとが示す無関心）が奇妙なかたちで並存するロジックが明らかとなる。第6章「シニカルな大会――浮かび上がる〈なにか〉」では、記号論分析の結果を踏まえて対立事象が明確な抗争を生み出さない現実世界の背景と要因を考える。シニシズムをキーワードに東京2020オリンピックをめぐり生じた諸現象を捉え直すことで、そこに関わってきた〈わたしたち〉の独特な姿が浮かび上がる。それはまさに、本書で探究してきた問いへのひとつの答えにほかならない。第7章「オリンピックはユートピアなのか?」では、「スポーツと平和の祭典」を標榜する近代オリンピックというイベント／ムーヴメントが、はたしてどのような点でユートピアたり得ているかを検討する。ここでふたたび「グレマスの四角形」を用いてオリンピックとユートピアとの関係をめぐる意味を分析し、現在支配的な「理想の／閉じられた」ものではなく、その対照項に位置する「別なる／開かれた」オリンピックにこそ、終わりなきプロジェクトとしてのユートピアの可能性が潜んでいることを示唆する。

終章では、本書全体の議論を振り返ったうえで、シニカルな祭典が映し出していた現代日本を覆う窮状からの脱却の方途を考える。「希望」という言葉／思想に着目し、東京２０２０オリンピックという祭典で繰り広げられたスポーツのどこに、どのような可能性を見出すことが重要なのかについて、来る未来での死＝永遠という視座から現在を生きる〈わたしたち〉自身を眺めることの重要性を指摘する。

目　次

ローザンヌのIOC本部で史上初となるオリンピック延期について発表するトーマス・バッハ会長。新型コロナウイルス感染症発生当初に強弁された予定通り開催との方針から一転しての延期決定であった。
©AFP＝時事

序　章

東京2020オリンピックと〈わたしたち〉

あれはなんだったのか

「東京２０２０オリンピックとはなんだったのか?」

そう問われたとき、多くの人は答えに窮することなどないだろう。なぜなら、これまであまりに多くの事柄が東京２０２０オリンピックについて語られ、ありとあらゆる問題や醜聞もすでに報じられてきた。だから「東京２０２０オリンピックとはなんだったのか?」を、自分はもうすでに知っている。そのように一般的に受けとめられているからだ。ある意味、それは正しい。二〇二一年夏の開幕を直前に控えた時期に次から次へと明るみに出た、開閉会式準備に関わってきた著名人たちの過去のスキャンダル。スポーツを通じて平和の実現を目指す高邁な理念を掲げているはずのＩＯＣ（国際オリンピック委員会）のトップが、実は「ぼったくり男爵」と海外で揶揄されるような悪辣な人物だったという事実。コロナ禍のもと国民・都民が命の危機にさらされている最中、アメリカ放送局と結んだ巨額の放映権契約のためになにがなんでもメガイベントを開催せざるを得ないというビジネス界のオトナの事情。東京大会をキッカケに白日の下に晒された、これらのうんざりするような「オリンピックの現実」を、人びとはこれまで嫌というほど見せつけられてきた。だとすれば、今さら東京２０２０オリンピックについて問うことなど、なにも残されていないのではないか。なぜなら、その醜悪な全貌がすでに暴露されているのだから。そうした反問が、冒頭の問いに対して抱かれるに違いない。

だが、本当にそうだろうか。喧騒のさなかで行われた東京2020オリンピックの実像は、十分に明らかになったのだろうか。どうしてもそのようには思えない。その理由のひとつは、筆者自身が長きにわたり「東京オリンピック」について考え続けてきたからだ。当初の開催予定年二〇年の春に拙書『東京オリンピックの社会学――危機と祝祭の2020JAPAN――』（コモンズ）を上梓した。それは丁度、コロナ禍を受けて開催一年延期が決定された時期であった。同書では二〇一三年の招致決定以降の東京オリンピックをめぐるさまざまな出来事を取り上げるとともに、前回六四年大会、さらに「幻のオリンピック」と化した四〇年大会と比較することで、二〇二〇年大会へと向かう日本社会の姿を論じた。もちろん、その作業を通して分かったことはそれなりにあり、またいくつかの疑問が明らかになった。だが、だからといって「東京2020オリンピックとはなんだったのか?」との問いへの答えが十分に得られたとは到底思えない。その理由はなんと言っても、一年延期という予期せぬ事態を受けて東京大会が持つ意味合いが大きく変わったからだ。招致段階で唱えられた「復興五輪」とのスローガンはその後、時間の経過とともに薄れていった。それと入れ替わるかのように、コロナ禍に世界が見舞われる中で「人類が新型コロナウイルスに打ち勝った証」として オリンピックを敢行する決意が喧伝され始めた。だが、それが大会の意義だとすれば、それまで目指されてきた東京2020オリンピックとは、そもそもなんだったのだろうか。東京／日本は七年もの期間、いったいなんのために世紀の祭典を迎え入れようとしていたのだろうか。あまりに素朴な、だが本質的な疑問が湧き上がらざるを得ない。

そうした経緯を思い起こすならば、いまだ人びとは、いや少なくとも筆者自身は、東京2020オリンピックがなんだったのかを分かっていない。だからこそ、懲りることなく考え続けたいと思う。

「どうかしている」ことの繰り返し

二〇二一年八月八日、さまざまな騒動のはてに東京2020オリンピックは終幕を迎えた。今あらためて振り返ると、招致決定以降八年余にわたる道のりは、いわゆる不祥事と醜聞の連続だった。ザハ・ハディドによる斬新な建築デザインの白紙撤回を強いられた新国立競技場問題、大々的にお披露目された大会エンブレムをめぐる盗作疑惑、招致獲得のためIOC委員に支払われたとされる多額の賄賂、東京での暑さ対策をさまざまに講じた果てのマラソン・競歩会場の札幌への突然の変更、など。コロナ禍で一年の延期が決まって以降も、スキャンダルはやまなかった。大会組織委員会会長であった森喜朗の女性蔑視発言による辞任、いじめや人種差別に関わる過去の問題発言をキッカケとした開閉会式の担い手たちの相次ぐ辞任と解任……。

あまりに不思議なことは「スポーツと平和の祭典」との美名のもとで、これほどまでの不祥事と事件が繰り返されてきたという事実である。その時々に「どうかしている」としか思えない事件や事案が起きた。だが、それで終わることなく、すぐに別なる「どうかしている」事態が暴かれ続けた。思い起こせば、ある時期から東京2020オリンピックをめぐるそうした光景がなかば常態化してしまった感すらある。呆れと諦めがないまぜとなった「あぁ、またか……」といったデジャブとして。だがこの既視感は、現在わたしたちが暮らす社会の姿を映し出しているのではないだろうか。それは単にオリンピックという出来事にかぎられることのない、より広く深い射程をもって今の日本のあり方をグロテスクなまでに暴き出しているのではないか。そのように思えて仕方がない。

コロナ禍によって、日本社会が抱える根深い問題や長年にわたり放置され続けた課題がハッキリと見えるようになった。そのように各方面で識者たちが指摘してきた。それと同様に、いや正確にはそれ以前から東京2020オリンピックという事象は日本社会に潜む不都合な事実を間欠的に浮かび上がらせていたのである。一年延期決定後のさまざまな不祥事やスキャンダルを目の当たりにして、東京2020オリンピックに関わる一連の事件や現象が、この社会が抱えるより深く大きな闇を鮮明に映し出していたことが、今ではだれの目にも明らかだろう。

前書では、そうした様子を捉えて「ホラーとしてのオリンピック」と形容した。つまり、なにかしら思いもかけない恐ろしい出来事が、なんの脈絡もなく、あまりに唐突に襲いかかる。それはまさに、映画でおなじみのホラー劇を現実で目の当たりにするようなものではないか。そうした見立てのもと、あえて「ホラー」という突飛な言葉で東京2020オリンピックの姿を描き出そうとした。だが見過ごしてはならないのが、このホラー劇を楽しんでいる観客は、不条理で空恐ろしい事件が引き起こす災厄とは無関係で、そこに責任を負っていないわけではない、という点だ。そこが映画と現実の大きな違いである。八年の期間にわたり、多くの人びとが東京2020オリンピックに結果として関わり、そこに引き込まれ、それに魅せられ、ときにそこへ自ら参画していた。その現実を明らかにするうえでなにより重要なことは、ホラーと自分たちとの親密な関わりとして、つまりほかならぬ〈わたしたち〉自身の問題として、この祭典の意味を理解することである。

〈わたしたち〉の自画像

それでは具体的に、〈わたしたち〉の問題として捉えるとはどのようなことだろうか。第一に、ごく一部の利益享受者や特権階級のみの問題としてオリンピックを捉えないことである。たしかにグローバルなメガイベントと化した現在のオリンピックを実際に動かし、そこから莫大な利益を得ているのはＩＯＣを中心とするインナーサークル（オリンピック・コミュニティ）に属する者たちであろう。だが、世界各地で開催される「スポーツと平和の祭典」と銘打ったメガイベントが国や地域を超えて多くの人びとを惹きつけ、グローバルなビジネスとして成り立つうえで、さまざまな人びとのさまざまな関与が求められる。逆に言えば、だれも関心や興味を持たなければ、オリンピックという世界の祝祭は成立しえないのだ。

とりわけ日本では、これまでオリンピックがなかば無条件に「善いもの」として受けとめられてきた歴史がある。戦後の復興を遂げて開催された六四年東京大会の成功物語は、今ではなかば神話化されている。その過去からのレガシー（遺産）を引き継ぐかたちで、二〇二〇年大会に向けた過程でも国民の積極的な関わりがオリンピック神話のさらなる上書きに重要な役割を果たしてきた。その点で多くの人びとは、なにかしらのかたちで積極的に東京２０２０オリンピックを自ら「抱きしめ」（ジョン・ダワー）てきたのだ。

これまでの経緯をこのように思い起こすならば、東京２０２０オリンピックについて考えることは実のところ〈わたしたち〉自身を振り返ることにほかならない。それはオリンピックという鏡に映った己の姿を見つめる行為なのである。だがそうした自己との対面は「美しい国」として己を眺め、どこか悦に入るというナルシスティックなナショナリズムとは程遠い、なんとも気の滅入る省察にならざるを得ない。なぜならば、招致が決定して以降は「なんとなく賛成」の姿勢を示し、その後コロナ禍に見舞われ開催が危ぶまれると「なんとなく反対」へと一気に流されていき、その挙句に「なんとなく開催」を決め込んだ自分たち自身の無節操な姿と向き合うことになるからだ。だが、そうしたほかならぬ〈わたしたち〉の苦い経験として振り返らないかぎり、冒頭で掲げた「東京２０２０オリンピックとはなんだったのか?」との問いに真の意味で答えることはできない。逆に言えば、己の自画像を真摯に描き出そうとする知的作業として東京大会とあらためて向き合うことができてはじめて、これまで長きにわたり〈わたしたち〉が陥ってきた窮状をしっかりと見据え、その先にほのかな希望の光を見出せるに違いない。

「ホラー」の顛末?

一年延期が決定された二〇二〇年三月以降、東京２０２０オリンピックの迷走に一段と拍車がかかった。その様子はまさに、ホラー劇がその恐怖と錯乱の度合いを深めながらクライマックスへとひた走るかのような印象を与えた。では、この世紀の祭典は、最終的にどこへと行き着いたのだろうか。それを曲がりなりにも見収めたことで、〈わたしたち〉のなにが変わったのだろうか。あるいは、長きにわたり散々世間を騒がせたホラー劇を見終えたところで、結局のところなにも変わらなかったのだろうか。もしさほどの変化がなかったのだとしたら、その要因はどこにあるのだろうか。もとよりコロナ禍という危機のもとで鮮明に浮かび上がった闇にこれまで囚われ続けてきた〈わたしたち〉は、そこから抜け出すことなどはたしてできるのだろうか。

いささかペシミスティックに響く問いを敢えて立てるのは、それほど徹底して問い直さないかぎり、いつまで経っても〈わたしたち〉と東京２０２０オリンピックとの根深い関係を読み解くことなどできないと考えるからだ。いささか大げさに聞こえるであろう問題提起をここでするのは、一見すると分かりやすく容易に答えられそうな「東京２０２０オリンピックとはなんだったのか？」との問いかけが、実のところきわめて奥深いことを強調したいからである。

だれもが知っていて、それなりに分かっていると思いがちな東京２０２０オリンピック。だが、そこに見え隠れする深い闇は、ほかでもなく〈わたしたち〉自身の似姿でもある。だからこそ、それに正面から向き合い真摯に考え抜くことが、これまでどこかしら避けられてきたのではないだろうか。そうした身に染み付いた知的保身から抜け出し、東京２０２０オリンピックと〈わたしたち〉について今あらためて振り返り、どこまでも冷静に考え抜く。それこそが、ささやかながら本書が目指す知的冒険である。

2013年IOC総会での東京招致決定の瞬間、歓呼して飛び上がる関係者たち。その後、東京2020オリンピックへの長い道のりは平坦ではなかった。
毎日新聞社提供

第1章

大会のゆくえ――ネット世論とメガイベント

惹きつけられる〈わたしたち〉

今の時代、イベントは珍しい存在ではない。サッカーやラグビーのワールドカップなどスポーツに関わるものから万国博覧会など文化や芸術をテーマにしたものなど国際規模のメガイベントをはじめ、国内に目を向けても大小さまざまなイベントが日々の風景と化している。そんな「イベント化社会」とでも形容すべき現代を生きる人びとは、世界を巻き込むメガイベントに潜むいかがわしさや危うさに薄々気づいているのではないだろうか。建前としての理念や美辞麗句とは裏腹に、計算高い関係者たちの利害や思惑がそこでは複雑に絡み合う。そんなメガイベントの裏の顔も、今では広く知れわたっている。二〇二一年夏に開催されたスポーツと文化の祭典である東京２０２０オリンピックは、グローバルに蔓延するコロナ禍のもとで開催が無邪気に望まれていたわけではない。

だが同時に、そうした世紀のイベントに〈わたしたち〉が抗い難く惹きつけられてしまうのも事実であろう。オリンピックやワールドカップの自国招致が決まるとなんとなくワクワクし、開催時期が迫れば期待が膨らみドキドキする。どうしてそれほどまでにメガイベントは人びとの心を惹きつけるのか。その謎をメディアとの関係から考えてみよう。

メガイベントとメディアの相性の良さ

歴史を振り返れば、大規模なイベントとマスメディアとはきわめて相性が良いことが分かる。不特定多数の人びとへの情報伝達を可能にした新聞・ラジオ・テレビといった近代メディアの登場によって、さまざまな催し物＝イベントが新たに生まれた。イベント研究の古典とも言えるダニエル・ブーアスティン『幻影《イメジ》の時代――マスコミが製造する事実――』やダニエル・ダヤーン＆エリユ・カッツ『メディア・イベント――歴史をつくるメディア・セレモニー――』が明らかにしたように、メディアが企画し、宣伝を繰り広げ、その内実をつぶさに解説・中継することではじめて、不特定多数の匿名化された大衆のあいだで関心を集めるような大規模イベントが姿を現すようになった(1)。その意味で、メディアを抜きにして現代的なイベントの意義と魅力について考えることはできない。

日常的な感覚に照らしても、各種スポーツ競技の国際大会であれ文化・芸術分野に関わる世界規模のコンベンションであれ、テレビやネットを介したPR活動や報道に触れることでその存在を知り、さらに興味や関心を喚起されるのが当たり前となっている。いわばメガイベントとメディアとはすでに一体化したものとして、ごく自然に受けとめられる。現在、なにかしらのかたちでメディアによる媒介を経ないようなイベントは、そもそも考えられないだろう。

マスメディアとメガイベントの密接な関連は、招致決定以降さまざまな事件や不祥事が起こるたびに世間の注目を集め続けてきた東京2020オリンピックにも当てはまる。二〇一三年九月のブエノスアイレスでの招致決定の瞬間はテレビ中継され、歓喜のあまり飛び上がって喜ぶ関係者たち（森喜朗招致委員会評議会議長・安倍晋三首相・猪瀬直樹東京都知事・竹田恆和JOC会長［すべて当時］）の姿が繰り返し放映された。その後、必ずしも平坦とは言えなかった準備段階で生じたさまざまなスキャンダルをメディアが事細かに報じたことで、人びとはいやがうえにも二〇二〇年に世紀の祭典が東京にやって来ることを意識させられ続けてきた。そうした準備状況についての報道と並行して、東京大会で活躍が期待されるトップアスリートたちの姿が各種メディアでの映像・音声・写真・活字を通して連日のように伝えられてきたのである。

大手新聞四社（読売・朝日・日経・毎日）が東京大会の「オフィシャルパートナー」に名を連ねていたことが如実に語るように、日々繰り返された東京2020オリンピックを報じるマスメディアの基本姿勢は、少なくとも突然降りかかったコロナ禍により一年の延期が決定し、その後「安全で安心な大会」（延期決定時の安倍首相の言葉）に向けた道行きに暗雲が垂れ込めるまでは、きわめて支援・協力的なものだった。つまり、マスメディア各社は東京2020オリンピックをめぐるさまざまな問題や矛盾を正面から取り上げることなく、まるで既定路線であるかのように「オリンピック推し」の姿勢を貫き通してきたのである。国内でのコロナウイルス感染症の状況悪化を受けて世論が「開催中止」へと傾きつつあったただ中でも、日々発行される新聞の第一面には「オリンピック／パラリンピックまで〇〇日」との文字が躍っていた。カウントダウンされていく数字は、現在のメガイベントとメディア企業とがどれほどまでに「運命共同体」であるかを雄弁に物語っていたのである。

約束された未来の誘惑

マスメディアとの密接な関わりのもとで企画・準備されるイベントは、どのようにして人びとを惹きつけてきたのだろうか。その魅力の源泉は、どこに見出されるのだろうか。まずなにより特徴的なことは、メディアが「凄いイベントがやってくる！」と喧伝すると、その暁には「素晴らしい感動が得られる」と読者や視聴者はごく自然に期待できることだ。たしかに、スポーツの国際試合をはじめこれまで開催されたメガイベントは、かぎられた特定のファンだけでなくより広範な国民層に楽しさと感動をもたらしてきた。その事実を思い起こせば、メガイベント開催に向けて素朴な期待が抱かれるのは、さして不思議でない。だが、少し冷静に考えれば、これから先の未来の時点で開催されるメガイベントに託して感動や熱狂をあたかも確約するかのようなメディアの語りには、どこか先物取引のような面が感じられる。つまり、現時点でたしかな根拠や保証がそれほどないにもかかわらず「かならずそうなる！」と断言し強弁することで人びとの関心と支持を取り付け、結果として観る者たちに来るべき「素晴らしいイベント」を実感させる。そうした巧妙なロジックとトリックが、周到かつ徹底的にメディア化された現在のイベントの裏に見え隠れする。

さらに近年では、巨額な資金を要するオリンピック開催をわずか二週間あまりの一時的なお祭りに終わらすことがないように、大会後に遺産＝レガシーを残すことが理念として謳われる。こうしてメガイベントは、開催に向けて人びとが期待し続け、実施中は熱狂の渦に巻き込まれ、開催後も末永く感動が遺産として残るような独特な経験の約束として、過去・現在・未来それぞれの時制を貫くかたちで人びとを包み込んでいく。そこへと誘われる〈わたしたち〉は、あたかもイベントが訪れるその日まで先物取引市場に投資するかのようにメディア・イベントに熱い眼差しを向け、あらかじめ元本保証された感動に身を委ね、その後は得られた利得を味わうかのごとく懐かしい思い出に浸る。まるでネットでの気楽な株取引に興じるかのように、メディアが仕掛けるイベントへの巧妙な誘いと戯れることが、今ではなかば無意識のうちに当たり前の関わり方となっている。

東京２０２０オリンピックに向けて歩んできたこれまでの道のりを振り返ることで、メガイベントとメディアの姿がより具体的に見えてくるだろう。例えば、大会観戦チケットのネット販売が一九年春になされた際、若者をはじめ多くの人が獲得に夢中になった。そこではかならずしも興味がある／応援している競技種目だけでなく、なんであれ「オンリンピックのチケット」を我が物とすることが競われていたように思い起こされる。それはまさに先物取引としての感動を賭け金として、来る東京２０２０オリンピックと積極的に関わり合おうとしてきた〈わたしたち〉の姿にほかならない。「フィールドキャスト」（大会ボランティア・大会組織委員会募集）と「シティキャスト」（都市ボランティア・東京都募集）として総計一一万人におよぶボランティアが募集された際にも、同じような光景が見られた。自らが当事者のひとりとして歴史的瞬間に立ち会うことを夢見て、多くの人びとがイベント成功に向けて自らの無償労働奉仕を約束することに夢中になった。その後コロナ禍で一年延期となり、さらに二〇二一年二月に発覚した森喜朗会長（当時）による女性蔑視発言を契機に東京大会の道行きが混迷の度を深めていくと、多くのボランティアたちが辞退を申し出た。その様子を目にした与党有力議員は「すぐ辞めると瞬間的には言って」いると揶揄を込めて評したが、辞退を決意した当人たちからすれば、世論の支持を失いつつある東京2020オリンピックへの参画によって感動を得ることなどもはや期待できないと冷静に見かぎったうえで、これ以上の投資から身を引く合理的な判断であったに違いない。

「参加している感」のリアル

森会長の発言への世論の反発からも明らかなように、現在のメガイベントと〈わたしたち〉との関係の特徴は、そこでSNSに代表されるソーシャルメディアが大きな役割を果たしている点である。従来のメディアとイベントとの関係では、テレビに代表されるマスメディアが視聴者や読者に向けて、ともすると上から一方的かつ権威的に情報提供するのが一般的であった。それと対照的に、現在のSNSを駆使した情報発信では、どちらかと言えばフラットで対等な関係のもとで自由かつ相互に情報がやり取りされている。ネット社会を生きる人びとは単なる受動的な受け手ではなく、主体的かつ積極的な発信者としてメガイベントに自ら参画している。つまり、従来のマス指向のもとで繰り広げられたメディア・イベントがどちらかといえば「与えられ」るものだったのに対して、現在のソーシャルメディア時代のイベントでは、ネットユーザーが意見や感想を発言するかたちで「参加して」いるのだ。各人がフォローやリツイートによって能動的にイベントと関わることで抱かれる参画意識こそが、現在のメガイベントがソーシャルメディアを介して盛り上がるうえで最大の要因にほかならない。

そうしたイベントに参画しているという実感＝参加感に巧みに訴えかけた事例として、大会組織委員会がNTTドコモなどとの協働のもとで実施した「都市鉱山から作る！　みんなのプロジェクト」が挙げられる。ことあるごとに大会組織委員会が強調してきた「みんな」で取り組むオリンピック・パラリンピック関連事業として、携帯電話などの使用済みＩＴ機器を一括回収しそこからリサイクルした貴金属を用いてメダルを鋳造するという参加型プロジェクトが試みられた。東京２０２０オリンピックで勝者たちに授けられる各種メダルの製造に自らが関わるという感覚を参加者たちにもたらす「みんなのプロジェクト」は、ただ単に与えられ／課される公式行事（プログラム）ではなく、自分たちの手で作り上げ／盛り上げていく企画（プロジェクト）として東京大会を演出しようとする企てにほかならない。世界が注目する世紀のメガイベントを受け身で迎え入れるだけでなく、各人それぞれがひとりの当事者として自覚と自負をもって参画する。こうした参加意識を実感させる仕掛けが、今日的なメガイベント開催には不可欠なのである。

女性蔑視発言への批判を受けての記者会見の場で、質問に苛立たしげに応じる森会長。この後世論の反発はさらに高まり、森は会長職を辞する事態となった。
©AFP＝時事

森会長の問題発言へのメディアと世論の反応を参加感という点から捉え直してみると、ソーシャルメディア時代のメガイベントの実像が透けて見えてくる。正式な会議の場で女性を蔑視する発言をしたことを問題視された森会長と大会組織委員会は、即座に釈明のために記者会見の場を設けた。だが、リアルタイムでテレビ中継された会見の場で、記者からの質問を受けてときに苛立たしげに応答する会長の姿からは、発言への反省や悔恨は驚くほどに感じられなかった。その様子はすぐにＳＮＳで「逆ギレ会見」として話題になり、一気に「＃森喜朗氏の退任を求めます」とのネット世論が広まっていった。

こうした世論の盛り上がりが東京２０２０オリンピックへのネガティヴな意見や気分の広まりを背景としていたことは、二〇二一年を迎えて以降の世論調査結果によれば半数を超える人が「大会再延期」や「中止」を支持していたことからも確認できる。だが皮肉なことに、これほど一気に／広範に／激しさをもって「反森会長」の機運が高まった理由のひとつは、スキャンダル＝女性蔑視発言が発覚した舞台がこれまで長きにわたり〈わたしたち〉を包み込んできた東京２０２０オリンピックだったからではないだろうか。もしも、同じような差別発言がほかの場や機会で語られていたら、これほどまでに国民の怒りと顰蹙を買うことはなかったのではないだろうか。もちろん、森会長の発言は度し難く差別的であり、弁解の余地は微塵もない。だが同時に、マスメディアとソーシャルメディアが互いに呼応するかのような複雑な動きのもとで会長辞任へと急展開した不祥事の結末には、今では事の成り行きに〈わたしたち〉一人ひとりが参画意識をもって関わるのが当たり前とされるメガイベントとメディアとの密接な関係の一端を見る思いがする(2)。

幻滅のはじまり

多くの人びとの参加感に支えられるかたちで成り立つSNS時代のメガイベントには、独自の危うさが見て取れる。一方で日々自由に交わされるネットでのコミュニケーションは、ユーザーたちをイベントの中へとバブルのごとく包み込んでいくが、他方でさまざまな当事者が自ら発信することで、そこに潜むいかがわしさが露呈するという危機も生み出す。近年、内部関係者によるネットでのツイートや告発を通して、表向きに喧伝される理念や目標とは大きく異なるイベントの裏の姿が暴露されることは珍しくない(3)。対等な立場での発信を可能にするSNSという便利なツールは、より巧妙に操作されたかたちできらびやかなイベントの提示と演出を可能にすると同時に、その背後に蠢《うごめ》く内幕や醜聞をさらけ出しもするのだ。その意味で、それまで楽しく愉快に夢中になっていた祝祭が、なにかの事件や発言をキッカケとして不信感や疑念、さらに激しい憤りや反発を人びとのあいだに引き起こす危機へと瞬時に反転するのは、現在のメガイベントを特徴づける両義性の故である。

こうした反転は、人びとが生きる現実とイベントが与える幻想とのギャップがあまりにも大きくなることで頻発するように思われる。もちろん、これまでイベント研究が指摘してきたように、メディア・イベントが広範に支持される理由のひとつは、それが厳しい日常とは異なる楽しい夢を与えてくれるからだ。どこかしら非日常や現実逃避を感じさせてくれることが、メディア・イベントの最大の魅力であることは言うまでもない。その意味でメガイベントはどこかユートピア的である。だが、そこで示される幻想と日々の現実との落差があまりにも大きくなったとき、〈わたしたち〉はある種の幻滅を禁じ得ない。なぜなら自らが参画することを要請されるイベントが目指す先が、日々の生活とあまりにもかけ離れていたならば、それに夢中になって興じることは容易ではないからだ。

一年延期となって以降の東京２０２０オリンピックの受けとめられ方には、こうした一気の反転が鮮明に見て取れた。パンデミック以前に八割以上の国民からの支持を誇っていたメガイベントへの風当たりは、長引くコロナ禍のもとできわめて厳しいものとなった。かつての「オリンピック推し」の世論は、瞬く間に萎んでしまったのだ。政府をはじめ主催者側が公式の場で繰り返し「安全で安心な大会」を目指すと訴えながらも、ワクチン接種をはじめその実現に向けた諸施策が一向に具体化されない様子を目の当たりにして、開催への懐疑や反対がネット世論でにわかに高まった。そうしたSNSでの動静を後追いするかのように、やがて大手マスメディアの報道でも「大会中止」が大っぴらに語られる事態となったのである。こうした一連の劇的なまでの変転を後押ししていたのは、ソーシャルメディアとメガイベントとの緊密かつ両義的な関係にほかならない。

この反転の動きに拍車をかけたのが、主催者側が一貫して示した是が非でも大会を敢行しようとする頑なまでの姿勢と態度ではないだろうか。海外からの観客受け入れを早々に断念し、競技会場での観戦についても厳しい規制・制限が検討される中、これまで自らの参加感を根拠に東京大会を支持してきた人たちは大いに当惑していたに違いない。その理由は、あれほど謳われた「みんなで参加！」とのスローガンや理念が実は中身のないものだったことが露わになったからだ。かつて招致活動で用いられた「復興五輪」という理念を具体化すべく二一年三月二五日に福島から始まった聖火リレーは、無観客のもとでスタート式典が執り行われた。さらに聖火が各県へと引き継がれていく沿道では、コロナウイルス感染症対策として一般市民の観戦が自粛・規制された。これまで「みんなの聖火リレー」をさんざん掲げておきながら、けっきょくのところ大会主催者側の事情と都合で方針を独断的に変更し、それを一方的に押し付ける姿を前にして、多くの聖火ランナーが辞退を申し出たことも十分に頷《うなず》ける。これまで東京2020オリンピックを推し進める過程の要所要所で「みんなの参加」が呼びかけられてきたが、そこで実際に求められていたのはSNSを介して人びとに「参加している」とのリアルな感覚を抱かせることに過ぎなかったのだ。期待されていたのは、各人が主体性をもって積極的に関わるというフラットで民主的な実践ではなかった。なんとしても開催に固執する主催者たちの本音は、世紀の祭典を「みんなで」盛り上げることでも、参加を通して意義あるレガシーを後世に残すことでもなく、IOCにとって最大の収入源であるテレビ放映権料を担うアメリカ大手放送局NBCならびにスポンサーに名を連ねたグローバル企業との契約を果たすことに置かれていた。いく先々で顰蹙を買った大音響で企業名を連呼するDJを乗せた車列が聖火リレー走者を取り囲む光景は、その現実を如実に物語っていた。

身も蓋もないオリンピック・ビジネスの現実を、開催を間近に控えた時点で見せつけられたことで、これまで曲がりなりにも自らが抱く参加感を糧に東京2020オリンピックと戯れてきた人びとのあいだに、根深い幻滅感が広まっていったのは至極当然の事の成り行きであった。出口の見えないコロナ禍のもとで日々を生きる大多数の人びとにとって、経済的にも精神的にもさまざまな辛さと苦難を強いられる日常と比較したとき、感染が拡大しつつある東京で「人類が新型コロナウイルスに打ち勝った証として」メガイベントを強行しようとする為政者たちの臆面なき姿と、彼らが国民に向けて口約束する来るべき祝祭は、あまりに現実味と魅力を欠いていたであろう。あえて比喩的に言えば、たとえお義理にも「いいね！」を押す気になれない、お粗末すぎる代物だった。

イベント＝出来事への感性

東京2020オリンピックへの幻滅が広まっていった背景に、人びとが抱く「こんなはずではなかった」とか「期待を裏切られた」との苦い思いが見え隠れする。いわく、自分たちは「被害者」であると。だがそれは、少し皮肉な言い方をすればあまりに虫が良すぎる話ではないだろうか。ここに至るまで人びとが先物取引としての感動を賭け金に世紀のメガイベントに投資してきたことは、先に論じた通りである。そうであれば、大多数の者は一方的に裏切られた無垢な被害者ではなく、ある意味でイベント推進側と一緒になって謀（はかりごと）に加担してきた共犯者だとも言える。この〈わたしたち〉とメガイベントとの関係をめぐる「不都合な事実」に真摯に目を向けることが、東京2020オリンピックについて考えるうえでなによりも求められる。それは今後の自らのオリンピックとの付き合い方を考えるうえで、けっして避けて通れない前提課題であろう。

そうした自省の姿勢と自覚をもってメガイベントとの関わりを振り返ると、いったいそこで自分がどんなことを期待し、なにを欲していたのかが見えてくるに違いない。楽しげで、きらびやかで、華やかなイベントへの誘いと戯れることで、実際になにが得られたのだろうか。メディアが煽り続けた熱狂や感動に身を委ねることで、はたして〈わたし〉自身はなにを目指していたのだろうか。このように問い直すことで、メディアとイベントが約束し続けてきた大仰な感動やレガシーといった先物取引の中身と、そこに参画する一人ひとりが自らの人生で追い求めようとする、ささやかで堅実な希望との重なりとズレが浮かび上がるだろう。今後、オリンピックに代表されるメガイベントとの関わりで巧妙な策略に騙されないためにも、また無自覚のうちに共犯者にならないためにも、ほかならぬ〈わたしたち〉自身にとっての意義を冷静に考えることは無駄ではないだろう。

オリンピックというイベントの〈わたしたち〉にとっての意義を考えていくと、そもそも「イベントとはなにか?」との根本的な問いが立ち現れる。スポーツ競技大会や音楽・芸能の催しを「イベント」と呼ぶのが今では一般的だが、そもそも英語のeventとは「出来事」、「事件」、「アクシデント」などを意味する言葉である。その語源からは、周到に計画され予定通りに開催されることが目指される現在の「イベント」とは対照的に、あらかじめ予期できず、事前の想定を超えて、突然に降りかかる出来事としての顔がうかがい知れる。そこに示唆される思い通りにならない状況は、だれにとってもとても面倒で厄介であり、できることなら避けたい事態かもしれない。だが同時に、不確実で予期できぬことが起こるからこそイベント=出来事のただ中で、人びとは名状しがたい自由や楽しさを感じてきたのではないだろうか。もしもすべてがあらかじめ決められた通りに進み、約束された結末が期待通りに訪れるだけならば、それほどイベントに惹きつけられることはないだろう。「どうなるか分からない」から不安で身がすくむけれど、同時に「そこでなにかが生まれるかもしれない」との期待や願望も大きく膨らむ。この両義性が感じられることが出来事《イベント》の醍醐味であろう。だが皮肉なことに、メガイベントに魅せられる現在の〈わたしたち〉に決定的に欠けているのは、そうした未決さに対する耐性と感受性のように思われる。そうであれば、思い通りに進まない事象が引き起こす緊張感と対峙するリスク／チャンスを体よく設《しつら》えられたスペクタクル＝見世物に安易に任すのではなく、それぞれの〈わたし〉自らが引き受ける覚悟をもってイベントに身を投じることが求められる。それが果たされたとき、未知なる出来事《イベント》との思いもよらぬ関わりのただ中で、等身大の夢や希望の契機が現れるかもしれない。

当初二〇二〇年夏に開催が予定されていた東京2020オリンピックは、コロナ禍のもとでその時点で幻のオリンピックと化した。楽しみにしていた世紀のイベントがグローバルなパンデミックによって延期に追いやられたことに、世界中の人びとが失望したことだろう。だが、人類にとって未曾有の危機と言える新型コロナウイルス感染症の蔓延は、文字通りイベントとしての不測の出来事である。これからいやがうえにも「コロナのある日常」を強いられる〈わたしたち〉は、互いに支え助け合いながら幾多の難局を切り抜け、その先に新たな希望を見出さねばならない。混乱と迷走をさらけ出した東京2020オリンピックというメガイベントと〈わたしたち〉とのこれまでの関わりを真摯に振り返ることは、出来事《イベント》に本来的に潜む未決さへの感性を取り戻し、開かれた「別なる未来」を想像するうえで大いに意義があるだろう。

注

（1）ダニエル・ブーアスティン『幻影《イメジ》の時代――マスコミが製造する事実――』一九六四年、ダニエル・ダヤーン＆エリユ・カッツ『メディア・イベント――歴史をつくるメディア・セレモニー――』一九九六年。

（2）現在のデジタルメディア環境のもとでマスメディアとソーシャルメディアが密接に絡み合いながら「世論」やコミュニケーション空間を作り上げている現象については、以下のものを参照。伊藤晶亮『炎上社会を考える――自粛警察からキャンセルカルチャーまで――』二〇二二年、Chadwick, A., *The Hybrid Media System: Politics and Power Second Edition*, 2017.

（3）序章で指摘した開催間近の時期を迎えてスキャンダルが噴出した背景には、こうしたネットでのコミュニケーション空間の活性化が見て取れた。

開会式のA LASTING LEGACYのパートで死者を悼む舞踏を披露する森山未來。踊りの後に黙祷の時間が持たれ、スタジアムは静寂につつまれた。
©AFP＝時事

第2章

危機と祝祭の表象——開閉会式パフォーマンス

東京2020オリンピック開会式は当初計画から一年延期された二一年七月二三日、およそ三時間にわたり新国立競技場で行われた。同閉会式は全競技日程を終えた八月八日、同じく国立競技場でおよそ二時間をかけて行われた。以下では、NHKによって実況中継されたテレビ放送ならびに大会組織委員会が公表している開会式・閉会式の公式データをもとに、コロナ危機の最中に強行された東京大会の始まりを祝う開会式と、苦難の末に成し遂げられたスポーツと平和の祭典の終幕を飾る閉会式において、具体的にどのような演出がなされ、どのような理念が表象されていたかを検討する。

開会式――United by Emotion

開会式のテーマはUnited by Emotion。これは一年延期となる前から決められていた「大会モットー」である。この理念のもとで九つのパートから成る式典として、開会式は実施された。以下順を追って開会式の具体的な内容を振り返ってみよう。

NHKでの中継（担当アナウンサーは豊原謙二郎と和久田麻由子）の冒頭、今回の東京オリンピック開催をめぐり「だれのための、なんのための大会なのか」が世論で問われていたことが述べられる。開催直前まで大会への疑問や批判があった事実への言及と同時に、四年に一度のオリンピックが世界中のアスリートにとって「特別な場」であることが強調される。このようにアスリートを主役／主語としたナレーションをもって開会式の中継が始まった。

冒頭パートであるWHERE THE STORIES BEGINでは、会場に映し出されたビデオ映像を通して一三年の招致決定から八年間にわたるアスリートの姿が伝えられる。開催年の二〇年を迎え、だれも想像しなかったCOVID-19のパンデミックに見舞われた世界の姿が映し出される。スクリーンに「21」の数字が映り、それが数を減らしながら過去へとさかのぼり、やがてカウントダウンの数字として示された。

スタジアムではランニングマシーンやエアロバイクでトレーニングするアスリートが登場。それはこの一年あまりのあいだコロナ禍で練習環境が制限され、コーチや仲間とのコミュニケーションも十分に取れない中、孤独な戦いを強いられたアスリートたちの姿を伝える。だがアスリートたちは壁にぶつかっても黙々とトレーニングを続け、前に向かって進んできた。このシーンでのメッセージは、和久田アナウンサーが口にした「希望を持っていれば」との一言に集約されるだろう。

続くAPART BUT NOT ALONEでは、モダンバレエが演じられた。人間の身体の神経や血管を表現した「赤い糸」を巧みに取り入れた演目を通して、人と人との繋がりが抽象的に表現される。このようにアスリートのトレーニングに励む身体と、その内面と精神を表した演出で始まった式典の冒頭部分は、いささか唐突に主催者からの挨拶A WELCOME FROM THE HOSTへと引き継がれた。バッハＩＯＣ会長と天皇陛下の入場が告げられ、日本国旗がスタジアムに運ばれる。国旗を運ぶのは過去のメダリストたちとともに女性レスキュー隊員、全盲のドラマーといった顔ぶれだ。旗は自衛隊員の手で厳かに掲揚され、国歌が斉唱される。「君が代」を歌うのはレインボーカラーの衣装に身をまとった歌手のＭＩＳＡ。

続くパートのA LASTING LEGACYでは、死者への祈りが捧げられた。場内アナウンスで新型コロナウイルス感染症の世界的パンデミックによる犠牲者に対して、さらにオリンピック・コミュニティに関わる死者、とりわけ七二年ミュンヘン大会で起きたテロ事件の犠牲となったイスラエル選手団への追悼の意が示された。スタジアムに備えられた舞台では、自身も阪神・淡路大震災の被災者である森山未來の舞踏が披露される。こうして死者を悼むアナウンスとパフォーマンスの後、スタジアムで黙祷が捧げられた。

黙祷を終えるとスタジアムには木遣り歌が流れ、江戸時代の大工や火消しに扮した法被姿の演者たちがグラウンドに流れ込んできた。職人たちに指示を出す役を演じるのは女優の真矢ミキ。江戸の風情を感じさせる演出と並行して、世界的タップダンサー熊谷和徳がタップを披露し、軽やかな音色が場内に響き渡る。テレビ中継では、さまざまな音が混ざり合うことで大会ビジョンのひとつである「多様性と調和」を表現していると解説された。その後、会場には民謡が流れ提灯を手にした人たちが登場し、東京＝江戸の歴史と伝統が表現された。

江戸時代の火消しに扮したパフォーマンス。女優の真矢ミキたちが法被姿で演じた。
©AFP＝時事

続いて木で作った巨大な輪が場内に運び込まれる。中継では、この輪が六四年大会の際に各国選手団が持ち寄ったタネから育てた木の間伐材で作られたことが伝えられる。やがて五つの木の輪によって五輪マークが描き出され、会場に高々と掲げられた。

会場にふたたびビデオ映像が流れ、オリンピック月桂冠賞の授与が行われた。受賞者はソーシャルビジネスとしてグラミン銀行を立ち上げ、ノーベル平和賞を受賞したバングラディシュの経済学者・実業家のムハマド・ユヌス。本人のスピーチとともに、オリンピックが持つ社会的意義ならびにスポーツを通してより平和な社会を作ることの価値が唱えられた。

続いてオーケストラがチューニングする様子を捉えたシーンと、それと重ね合わすように競技開始直前のアスリートの姿が映し出される。それに続き、世界に知られた日本が誇るゲームソフト「ドラゴン・クエスト」のテーマ音楽が場内に流れ、選手団が入場。慣例にしたがい近代オリンピック発祥の地ギリシアを先頭に、次に難民選手団、その後は日本語の五十音順に各国・地域の選手団の入場が行われた。開会式での選手団入場の光景はどの大会でも基本的に同じだが、今回の東京大会にはいくつか特異な点も見て取れた。それは言うまでもなく感染症対策として全員にマスク着用が義務づけられ、選手同士が距離（ソーシャルディスタンス）を保って行進していたことだ。また、各国・地域から開会式に参加した選手の数もきわめてかぎられていた。その点で、ゲーム音楽のオーケストラに合わせて入場するアスリートたちの晴れやかな姿は、同時にそれが紛れもなくコロナ禍という危機のもとでの大会であることを物語っていた。

各国・地域を代表してスポーツの祭典に集った選手団の風景からは、それぞれの国／民族を代表してオリンピックに参加するというなかば当たり前に受けとめられがちな事態が、実のところさまざまな矛盾と葛藤に満ちていることが浮かび上がる。例えば「オランダ領アルバ」、「イギリス領バージン諸島」、「アメリカ領サモア」と記されたプラカードに先導されて参加する選手たちは、近代世界を特徴づけた帝国主義／植民地政策が過去の遺物でなく、いまだ続いていることを突きつける。五十音順で大韓民国の次に入場した選手団は、英語でChinese Taipeiと紹介されプラカード表記も「チャイニーズ・タイペイ」だが、ＮＨＫのアナウンスでは「台湾」と紹介された。戦前から長く続く東アジア地域での政治とスポーツをめぐる国際政治上の懸案がいまだ解決されることなく現在にまで引き継がれている事実が、そこに如実に見て取れる。[1]

二〇五の国・地域から参加した選手団による入場行進の最後を、開催国日本が喜びにみちた表情で飾った。入場が終わると会場にＩＯＣアスリート委員会会長カースティ・コベントリー（ジンバブエ）の顔がビデオで映し出され、アスリートを代表してスポーツの意義と使命について語る彼女のスピーチが会場に流れる。スタジアムでは選手・審判員・コーチと役員によるオリンピック宣誓がなされ、東京大会を通して「世界をより良い場所にする」ことが高らかに謳われた。従来からのオリンピック・モットーである「より速く、より高く、より強く」にバッハ会長の提案で新たに加えられた「共に」を強調するかのように、会場にはStronger and Togetherの文字が映し出された。

1824台のドローンが競技場上空に描き出した「地球」。最先端テクノロジーを駆使した幻想的な演出はSNS上で話題となった。
©EPA＝時事

今大会から謳われる「共に」を具現するかのようなタイトルHERE TOGETHERのパートでは、テレビ局のクルーに扮した演者が現れ、進行役を務める。子どもたちを中心にした大勢のキャストが力を合わせながら会場に置かれた三つの異なる形のオブジェを組み合わせ、東京大会エンブレムの組市松紋を作り上げた。それと呼応するかのように上空では一八二四台のドローンがエンブレムを描き出し、それは地球の形へと変化していった。場内にジョン・レノン&オノ・ヨーコの「イマジン」が流れ、スクリーンに五輪が象徴するそれぞれの大陸出身の歌手が熱唱する姿が映し出された（アフリカ：アンジェリーク・キジョー／ヨーロッパ：アレハンドロ・サンス／アメリカ大陸：ジョン・レジェンド／オセアニア：キース・アーバン）。

「イマジン」の演奏に続き、東京オリンピック大会組織員会会長橋本聖子とＩＯＣ会長バッハの挨拶がなされた。橋本会長は冒頭、医療従事者への敬意と感謝を口にした。その言葉からは、コロナ禍に見舞われている東京での開催をめぐり世間でさまざまな意見が交わされていたことへの配慮がうかがわれた。続いて、二〇一一年の東日本大震災から一〇年が経過し、当時世界から寄せられた支援に感謝するとともに、今こうして「復興しつつある姿」を世界に伝えられることの意義を語った。震災直後、日本の人びとが苦難のただ中にあったとき、スポーツとアスリートが大きな役割を果たしたことが振り返られ、それがコロナ禍の現在、ふたたび求められていると説く。また、国連で採択されたオリンピック期間の休戦決議についても触れ、それは「平和を希求するわたしたちの理想の姿」だとされ、スポーツの持つ社会的役割が強調された。そして橋本は感極まった表情で、困難な状況のもとでオリンピックの場に集まってくれたことに対してアスリートたちに感謝の言葉を述べた。ここでもアスリートとスポーツの力が繰り返し強調され、それは「未来の姿」を体現していると称賛した。最後に、長引くコロナ禍のもとで世界中が困難に直面していることを踏まえ「希望を取り戻し世界をひとつに。世界はみなさんを待っています」と参加選手たちに力強く呼びかけた。

橋本会長による呼びかけに呼応するかのように、バッハ会長は冒頭で東京大会の開会は希望の瞬間だと語った。そして橋本同様、名もなき英雄・医師・ボランティアなどコロナ禍のもとで尽力している人びとへの謝意を口にするが、とりわけ日本のボランティアへの感謝の言葉を忘れなかった。オリンピックとは「平和とレジリエンスのメッセージ」であり、それは人びとに希望を与えると呼びかけた。次に、開催までの困難な道のりを振り返りオリンピック・ファミリーへの感謝が語られ、「我々は連帯した！」と自賛したうえで、オリンピック・コミュニティが「世界をより良い場所にする」ことの意義を熱く訴えた。そのようにオリンピック・ファミリー／コミュニティが連帯することで平和をもたらすことができるとすれば、「連帯こそが平和へのコミットメント」であり「連帯なくして平和なし」だと唱えた。平和理念を象徴する存在として難民選手団に言及し「難民が世界を多様にする」とその意義を述べ、オリンピックは難民選手たちに「安心できる家を提供する」と宣言し、「オリンピック・コミュニティへようこそ」と歓待の姿勢を示す。世界がパンデミックに見舞われている事態を踏まえ、人びとが共に立ち上がることで一層の連帯が可能となり、一緒になることで強くなることができ、多様性の中で団結が成し遂げられると謳われた。ここでも強調されるのは「共に（together）」との自らが新たに付け加えたモットーだ。最後に、長引くパンデミックを「暗いトンネル」に喩え、オリンピック開催はその「先の光」だと自賛する言葉をもって、長いスピーチを終えた。

バッハ会長から天皇陛下に開会の言葉が託され、それを受けて「わたくしはここに、第三二回近代オリンピアードを記念する東京大会の開会を宣言します」と唱えた。ここで注目すべきは「記念する」との一言である。本来、国家元首による大会宣言はＩＯＣによる英語の宣言文を各国言語に訳して告げられる。原文は“I declare open the Games of（name of the host）celebrating the（number of the Olympiad）Olympiad of the modern era”である。常識的に考えればcelebratingは「祝福して」と訳されるだろう。だが、ここで天皇は「記念して」と唱えた。そのことがひとつのメッセージとして日本国民に受けとめられた。つまりコロナ禍のもとで開催されるスポーツの祭典に相応しい言葉は祝福よりも記念である、と。

続くPEACE THROUGH SPORTのパートで、五大陸それぞれの代表と難民選手団代表によって五輪旗がスタジアムに運び込まれた後、東京で活躍するエッセンシャル・ワーカたちに渡され、最後に自衛隊員に引き継がれて掲揚された。ついで六〇年大会以来の慣行であるオリンピック賛歌の斉唱が、東京都豊島岡学園女子校と福島県立郡山高校生の生徒たちによってなされた。

次のLET THE GAME BEGINでは、中継アナウンスによって六四年大会で考案されたピクトグラムが紹介された後、今大会では「動くピクトグラム」に進化したことが告げられ、スタジアムではビデオ映像も交えて五〇種目のピクトグラムがパントマイムで上演された。次から次へとピクトグラムを模してパントマイムを繰り広げるパフォーマンスは、その後ＳＮＳでも話題となった。

続くTIME TO SHINEのパートでは、突然スクリーンに競技場コントロール・ルームにいる劇団ひとりの姿が映し出された。次々と場内のライトを消していく悪戯に彼が興じていると、そこに現れた荒川静香（オリンピック・メダリスト）にとがめられ、彼女が電源レバーを上げるとスクリーンには光に照らし出された各競技会場と東京の街がきらびやかに映し出された。スタジアムでは市川海老蔵が歌舞伎十八番のひとつ「暫《しばらく》」を演じ始め、それと並行してジャズピアニスト上原ひろみがエネルギッシュに演奏した。日本の伝統芸能である歌舞伎とモダン音楽との共演が舞台上で繰り広げられたシーンを受けて、中継アナウンスは大会ビジョンの「多様性と調和」を表現した演目であると解説を加えた。

最後のHOPE LIGHTS OUR WAYでは、冒頭で福島をスタートし日本全国を駆けめぐった聖火リレーの様子がイギリスのロックバンド、クイーンの楽曲Teo Torriatte（手をとりあって）をBGMに映し出された。映像が終わると、スタジアム内に聖火ランナーが姿を見せる。聖火を運ぶのは、ともにオリンピック金メダリストの野村忠宏（柔道）と吉田沙保里（レスリング）。二人の手から聖火は長嶋茂雄・王貞治・松井秀喜の三名の元プロ野球選手に手渡され、長嶋は愛弟子の松井に支えられながらゆっくりと聖火を運んだ。聖火は続いて東京の医療機関に勤務する大橋博樹（医師）と北川順子（看護師）に手渡され、次に車椅子のパラリンピアン土田和歌子が受け継いだ。土田から聖火を渡されるのは、被災地岩手・宮城・福島の六人の子どもたち。その子どもたちから聖火を譲り受けた最終ランナーは、プロテニス選手の大坂なおみだった。大坂はスタジアムに設けられた聖火台の階段を一歩ずつ踏みしめるように登り、手にしたトーチから点火。六四年大会以来五七年ぶりに国立競技場に聖火が点り、およそ三時間にわたる開会式が終わりを迎えた。

「アスリート・センタード」の真意

以上、開会式当日の様子を式の進行に従いながら具体的に概観した。どのような特徴や傾向がそこに見て取れるだろうか。まず指摘できるのは、式典全体を通してどのようなメッセージを伝えたいのかがきわめて曖昧だったことだ。もちろん、ここまで見てきたように九つのパートに分かれた式典では、それぞれになににかしらテーマ設定がなされていた。だがそれらは、あまりに個々別々に演じられ、全体としての統一性を欠いていた。あるパートから次のパートへ、さらには同じパート内での演し物のあいだに有機的な連関が十分に保たれていたとは、とても思えない。式の展開はときとしてあまりに唐突で、観る者を戸惑わせた。例えば、森山未來の舞踏で死者への弔いが演じられスタジアムで黙祷が捧げられた直後、木遣り歌とともに江戸の装束をまとった笑顔の人びとが現れた。オリンピック賛歌が厳かに奏でられ、天井から鳩をあしらった飛行機が舞い降り静寂な雰囲気にスタジアムが包まれた直後、陽気に戯けたパントマイムが始まった。そうした展開はあまりに一貫性を欠き、ばらばらの演目が順次演じられたという印象が否めない。ひとつのまとまった式典として眺めたとき、開会式全体に通底するメッセージを読み取ることはきわめて困難である。

たしかにバッハ会長は呆れるほど長いスピーチのなかで、繰り返しスポーツ／オリンピックによる連帯(solidarity)の意義を口にした。彼にとって「連帯」は、自らが新たに付け加えたオリンピック・モットー「共に(together)」とセットで、東京大会が目指す価値として位置づけられていたのだろう。だが、solidarityが連呼され、スポーツの力で希望が生まれると唱えられるものの、そのメッセージはどれほど繰り返されてもお題目の域を出ない。なぜならコロナ禍という厳しい現実を前にしたとき、IOC会長が発する言葉には具体的なイメージやリアリティが微塵も感じられなかったからだ。

開会式全体を貫くメッセージの欠如は、要所要所での医療関係者やボランティアへの過剰とも受けとめられる感謝と敬意にも関わっていたと思われる。国旗を運ぶメンバー、聖火ランナーなど重要な役割に医療従事者を入れることは、たしかにオリンピック理念に適ったものかもしれない。だが、大会直前まで開催をめぐり異論や疑問が交わされていた事実を踏まえると、そうした演出が開催地での反対世論を抑え込むためのある種リップサービスだったように思えて仕方がない。橋本とバッハがそろって挨拶の冒頭で医療従事者への感謝を口にしていた姿を思い起こすとき、そうした疑念がさらに深まる。

そしてもうひとつ指摘できる特徴は、開催を告げる開会式での演出とスピーチ双方を通して、なんとしてもアスリートを中心に置こうとする方針である。オリンピックが四年に一度のスポーツの祭典であるならば、その始まりを告げる開会式でアスリートが主人公とされることは当然かもしれない。だが、東京大会でのアスリートの位置づけの意味は、それほど単純でない。開催是非をめぐる議論の中で、アスリートの特権的立場への批判が投げかけられていた。例えば、コロナ禍で多くの人びとが仕事や生活の場面でさまざまな制約を強いられているのに、どうしてオリンピアンたちは競技に専念することが許されるのか。また、大会参加の条件としてワクチン接種が取りざたされたとき、国民の多くが未だ接種できていない段階でアスリートだけが優先的に機会を与えられることに疑問や不満が示された。そうしたオリンピック／アスリートへの批判に対抗するロジックとして持ち出されたのが、スポーツに打ち込むアスリートたちの懸命さや純粋さである。いわく、栄光を目指してたゆまぬ努力を重ねてきたアスリートたちに報いるためにも、四年に一度の機会であるオリンピックはなんとしても開催せねばならない。このようにアスリートをめぐる当時の世間での議論や受けとめ方を思い起こせば、開会式に見て取れたアスリート・センタード（選手たちを中心に！）と形容すべき演出と言辞は、明らかに意図的なものだったと理解すべきだ。ひたむきに努力してきた無欲で純粋なアスリート像を描き出すことで、コロナ禍での開催という既成事実を自己弁護し正当化しようとする主催者側の思惑が、そこに見え隠れしていた。

閉会式――Worlds We Share

閉会式のテーマはWorlds We Share。それは開会式でのUnited by Emotionと一対になって、東京大会で目指された「共に（together）」の意義を訴えかける内容であった。開会式同様、以下順を追って式典の具体的内容を検討する。

閉会式は開会式と同じく九つのパートで構成されていた。NHKでの実況中継は、アナウンサーの三瓶宏志と桑子真帆が担当した。冒頭のパートA WORLD OF APPLAUSEで会場に花火が打ち上げられ式の開始が告げられると、秋篠宮文仁とバッハ会長が来賓席に登場。続くREADY TO WELCOMEで日本国旗が今大会のメダリスト（競泳・大橋悠依、柔道・髙藤直寿、体操・北園丈琉）と医師、義足モデルたちによって運び込まれ、厳かに掲揚された。国歌を斉唱したのは宝塚歌劇団の団員たちだ。

次のAFTER THE GAMESでは、まず各国・地域の旗手が入場した。スタジアムに流れる楽曲は六四年大会で用いられた福島県出身の作曲家・古関裕而による「オリンピック・マーチ」。会場内のスクリーンには今大会を振り返るビデオ映像が流され、アスリート同士の交流や友情の様子を捉えた感動的なシーンが映された。旗手全員の入場が終わると、スタジアム内の四つのコーナーから各国・地域の選手団が一斉に入場。このスタイルは五六年メルボルン大会ではじめて採用され、その後六四年東京大会以降に定着したことが実況アナウンスで語られる。開会式と同様、入場する選手たちはマスク着用が義務づけられているが、ソーシャルディスタンスは必ずしも十分に保たれていなかった。チームメイトと一緒にスマートフォンで自撮りに興じる各国のアスリートたちは、戦いを終えた安堵感の中、リラックスした面持ちでスタジアムに参集していた。

選手たちが楽しげに入場する間、テレビ実況では大会を振り返るナレーションが繰り広げられた。男子走り高跳びでイタリアのジャンマルコ・タンベリとカタールのムタズエサ・バルシムが金メダルを分け合った美談、大会で活躍したアスリートへのＳＮＳでの誹謗中傷、厳しい環境にさらされるアスリートたちのメンタルヘルスの問題など、大会期間中に人びとの関心を集めた話題が取り上げられた。さらに女性アスリートに向けられる性的眼差しへの抗議を表明すべくドイツ女子体操チームがボディスーツを着用したことやアスリート自身によってＬＧＢＴへの意識喚起を促す発言があったことなど、現在のスポーツを取り巻くさまざまな社会問題が今大会で提起されたことが振り返られた。

ステージで軽快な演奏を繰り広げる東京スカパラダイスオーケストラのメンバー。自由な外出がかなわなかった参加選手たちにTOKYOの街を感じさせた。
©時事

式典は次にALL TOKYOTIESへと続き、スタジアムに光で描かれた像が現れ、それが選手たちの手にするスマートフォンが示す光の粒と一体となり、やがて五輪をかたどった姿がスタジアムに浮かび上がった。人気のスカバンド東京スカパラダイスオーケストラの演奏が始まり、大勢の大道芸人がグラウンドに姿を現す。このパフォーマンスが休日の公園で想い想いに過ごす人びとを表現しており、コロナ禍で外出が制限されていた参加選手たちに普段の東京の町並みを伝えようとする趣旨であることが、中継アナウンスで語られた。音楽はやがて世界に広く知られた坂本九の名曲「上を向いて歩こう」へと変わり、この曲が六四年パラリンピック開会式で用いられたことが解説された。次に音楽は国内で爆発点なヒットを記録したアニメ「鬼滅の刃」のオープニングテーマに変わり、スタジアム内のミラースクリーンには東京都立片倉高校吹奏楽部のメンバーが映し出され、会場のスカパラとリモートでの共演が実現した。続いて会場にBMXが乗り込み、DJ松永の演奏のもと、ステージ各所でダンスが繰り広げられた。松永のクールなパフォーマンスが終わると、歌手のmiletが登場し情緒豊かに「愛の讃歌」を熱唱。そして最後にスカパラが軽快にベートーベン交響曲第九番を奏で、スタジアム内でのライブ演奏を終えた。

続くOUR GRATITUDEの冒頭、ギリシア国歌が斉唱される。それに続き大会最終日に行われた男子マラソン、前日に行われた女子マラソンの表彰式がスタジアムで執り行われた。男子メダリストにはバッハとセバスチャン・コー世界陸連会長が、女子メダリストにはニコール・ホーベルツIOC副会長とコーからメダルが授与された。続いて今大会で新たに選出されたIOCアスリート委員(イタリア/ケニア/日本)が入場。場内には今大会活躍したボランティアの姿が映像で流された。それを受けてスタジアムでは、四人のアスリート委員からボランティアへの花束贈呈。テレビ中継のアナウンスは、それが今大会でメダリストに授与されたものと同じ花束であると言い添えた。

続くWE REMEMBERは力強い和太鼓の音で始まった。演奏するのは世界で活躍する佐藤健作。演奏が終わるとステージでは舞踏家アオイヤマダのダンスが静かに繰り広げられた。閉会式のこのパートは「この世を去った人たちに思いを寄せる追悼の時間」であり、前回リオデジャネイロ大会から始まったことが解説される。木をモティーフにした黄緑色の衣装を身につけたアオイヤマダが、まるでなにかに取り憑かれたかのように一心に踊る。そのステージの周辺を、手に灯りを掲げた和服姿の女性がゆっくりと歩みながら進むにわかにスタジアムは幻想的な雰囲気に包まれた。

場内スクリーンに日本各地の踊りとして北海道アイヌ古式舞踊、沖縄琉球エイサー、秋田西馬音内盆踊り、岐阜郡上おどりの姿が映し出され、それぞれの地域で伝統舞踏が受け継がれていることが紹介された。それを受けてステージで「東京音頭」が始る。歌うのは民謡歌手の松田隆行と増田吏桜。アナウンサーは、お盆を迎え先祖の霊を供養する行事が日本の夏の風物詩の盆踊りであり、このパートでは各地の踊りを通して郷土の伝統を紹介することで日本における多様性を表現することが目指されている、と説明。さらに演出チームのコンセプトが「亡くなった人たちの思いを受け継いで、前を向いて追悼する」ことにある、と解説を加えた。

TO PARISでは、次回第三三回大会開催都市パリへの引き継ぎセレモニーが執り行われた。バッハ会長、小池百合子東京都知事、アンヌ・イダルゴパリ市長が壇上に上がり、オリンピック賛歌がＮＨＫ交響楽団と男性ソプラノ歌手・岡本知高によって奏でられる中、オリンピック旗が掲揚台から降ろされ、小池知事からバッハ会長へ、そして会長からイダルゴ市長へと引き渡された。場内スクリーンにフランス国歌「ラ・マル

閉会式で参加アスリートたちを讃えるバッハIOC会長。オリンピック開催によってパンデミックのもとでも世界がひとつになれたことが力強く謳われた。
©SPUTNIK／時事通信フォト

セイエーズ」のオーケストラによる演奏が映し出され、軽快に駆けめぐるＢＭＸの目線で捉えたパリの街並みが伝えられ、空にはフランス軍飛行機が描いたトリコロールが広がる。アナウンスはパリ大会で多くの競技がコンコルド広場など歴史的な場所で開催されることを告げる。二四年パリ大会を歓迎すべくエッフェル塔前広場に集まった群衆が映し出され、そこに今大会でのメダリストたちの姿も見て取れた。だが、メダリストたちは一様にマスクをしておらず、集まった人たちも互いの距離を気にする様子はない。映像にエマニュエル・マクロン大統領も登場したが、彼も周囲の人びともマスクは着用していなかった。

パリ／フランスの紹介の後、式典はPASSING THE BATONへと移る。まず橋本会長が挨拶し、開会式のときと同様、冒頭で医療従事者と「日本のみなさま」への感謝を口にした。次に、毎日朝顔の花で大会を歓迎してくれた小学校の子どもたちやボランティアの人びとへ謝意を伝えた後で、大会に参加した選手に向けて、これまでさまざまな困難に耐えた「本当のオリンピアン」だと称賛。さらに「スポーツとアスリートたちの力によって未来への扉が開かれました」と宣言し、「スポーツには世界と未来を変える力がある」とオリンピックが持つ社会的意義を力強く唱えた。コロナ禍という世界的な危機のもとでも「希望は消えることはない」と断言し、スポーツとアスリートは「平和を望み続ける」とオリンピックの理念を熱く訴えた。

橋本のスピーチの後、各大陸と難民選手団の代表が壇上に上がった。続くバッハ会長の挨拶は橋本同様アスリートたちを褒め称え、オリンピアンたちは「魔法を作り上げた」と絶賛。大会を通して世界的パンデミックのただ中で人びとをひとつにするスポーツの力が示され、それこそが共に連帯する（together, solidarity）意義だと唱えた。そして、オリンピックによって「パンデミックが始まって以来、はじめて世界がひとつになった」と開催の意義を自画自賛し、危機の中でのオリンピックによってスポーツがふたたび舞台の中心となり、人びとに喜びと感動を与えたと述懐した。開会式同様、ここでも繰り返される「希望、連帯、平和（Hope, Solidarity and Peace）」がバッハのスピーチの通奏低音をなしていた。スポーツとアスリートの力をことさらに称賛し、それが発揮されるオリンピックという舞台を用意したことに対して日本／東京への謝意を述べ、とりわけボランティアに向けて、日本語で特別な感謝が伝えられた。今回の大会が「前例のないオリンピック」であり、その実現に向けた「前例のない努力」のおかげで成し遂げられたと振り返り、放送局やスポンサーも含めた関係者への感謝の言葉を口にした。そして、困難な状況のもとでも「共にやり遂げた（We did it together）」と高らかに宣言し、最後は慣例に従い「パリでお目にかかりましょう」と呼びかけてスピーチを終えた。

最後のパートON TO THE NEXT CHAPTERでは女優の大竹しのぶと子どもたちが登場し、宮沢賢治作詞・作曲の「星めぐりの歌」が披露された。ここに込められたメッセージは「この経験が語り継がれ、未来が明るいものであるようにとの願い」である、とアナウンスで説明が付された。続いてドビュッシー作曲「月の光」（冨田勲編曲）が会場内に流れると、聖火台が静かに閉じて一七日間にわたり燃え続けた聖火が消えた。パラリンピックを告げる映像が流れた後、華やかに花火が打ち上がり、六四年大会と同じフォントでスクリーンにARIGATOの文字が映し出されて、東京２０２０オリンピックはフィナーレを迎えた。

社会的意義と多様性

以上概観した閉会式には、どのような特徴が見て取れただろうか。まず指摘できるのは、開会式同様、そこで首尾一貫したメッセージが唱えられていたとは言い難い点である。たしかに祭典の始まりを告げる開会式と比較して終幕を飾る閉会式は、ことさらに理念や価値を唱えるよりも競技を終えたアスリートたちの健闘を讃えることが目的だろう。それを踏まえれば、式典でのメッセージの希薄さはさほど問題視されるべきでないかもしれない。だが、今回のようにコロナ禍での異例の開催となった大会の最後を飾るイベントで、危機のもとで祝祭を催す意義がより明確に示されてもよかったのではないだろうか。

大会を無事に終え、それを支えた医療関係者やボランティアへの賛辞や感謝が至るところで示された点も開会式と共通していた。また、閉会式は開会式以上にアスリート／オリンピアンを中心に据えた演出になっていたと思われる。具体的には、橋本・バッハ両氏の挨拶はなかば手放しでオリンピアンたちの健闘を讃え、アスリートこそが闇に包まれた今の世界に希望の光を照らす存在だと持ち上げた。分断にまみれた現実世界に連帯を生み出し、平和を実現し、未来に向けて共に前に進んでいこう。それはアスリート／スポーツの力によってこそ果たされる。そうした揺るぎない信念が閉会式の演出に見て取れた。

アスリート・センタードとでも呼ぶべき姿勢は、さまざまな疑問や異論が開催前に投げかけられながらも、それに屈することなくスポーツの祭典を成し遂げたことへの主催者側の矜持と一対になっている。だが不思議なことに、アスリートたちの偉業を称える閉会式での演出にもかかわらず、スタジアムがオリンピアンたちの参加によって高揚感や解放感に満ちた祝祭空間となっていたとは到底思えない。なぜなら、オリンピック競技が繰り広げられた「パラレルワールド」の外にはコロナ禍に喘ぐ厳しい現実があり、それがいわば影のように祭典に付きまとっていたからだ。式に参加する選手全員がマスクを着用していて、それを見守る観客も一部関係者にかぎられていた。そうした目に見える事実だけでなく、さまざまな点で「前例のないオリンピック」となった東京大会に参加したアスリートたちの言動からは、ある種のもやもやした複雑な感情が伝わってきた(2)。だからこそ祭典の終わりを祝うはずの式典は、どこか解放感を欠いているように感じられたのだろう。

もちろん閉会式の演出はエンタメの要素を存分に盛り込んでいた。とくにALL TOKYOTIESでスカパラをはじめ著名アーティストが登場し、スタジアムを盛り上げた。だが、そこでの演奏と演出はきわめて「内向き」だったと評価せざるを得ない。タイトルが物語るように、ステージで表現されたのは「東京に暮らす人びとの休日」であり、その演出にグローバルな文化の発信や世界に向けたメッセージを読み取ることは困難だ。滞在期間中に東京の街に繰り出すことすら叶わなかった海外選手に向けて、東京の日常の楽しさを味わってもらおうとしたALL TOKYOTIESでの演出は、当然ながら日本（ナショナル）／東京（ローカル）を指向したものにならざるを得ない。大道芸人を交えて繰り広げられたパフォーマンスはたしかに「東京の休日」を楽しげに描き出していたが、なにかしら普遍的理念を持ったカルチャーを世界に向けて発信できていたかと問われれば、大いに疑問が残るだろう。

最後に、大会全体を振り返る機会でもある閉会式で「多様性」がさまざまなかたちで強調されていた点が指摘できる。それは、世界中の国・地域から集まった異なる文化・宗教を背景に持つ参加選手自身の多様性であり、LGBTとの関連で注目されたアスリートの性的多様性であり、さらにピッチでの示威行為によるBLM（Black Lives Matter）への連帯で表された人種・民族的な多様性を意味していた。ここでのスポーツにおける多様性の強調が大会ビジョン「多様性と調和」と呼応していたことは明らかだろう。大会を振り返り、いかに多様性の実現に貢献していたかを示す演出の数々。それによりオリンピック理念を自己正当化する場となることを、閉会式は目論んでいたと思われる。

こうして閉会式でも開会式同様、一貫した理念に支えられた力強いメッセージは発信されなかった。一方で医療関係者への敬意と配慮が示され、他方でアスリートへの賛辞が繰り返された式典は、どこか高揚感を欠いていた。一時は開催自体が危ぶまれながらも、すべての日程を予定通りやり遂げた東京大会。その終幕を告げる閉会式は観る者にどこか安堵感を抱かせたものの、外界で広がるコロナ禍という現実の影のもとで、なにかしら不安を感じさせる時間でもあった。

不可思議な式典の背景

ここまで見てきたように東京大会での開会式と閉会式はともに、コロナ禍という未曽有の危機のもとでどのような理念と価値のもとで祭典を敢行するのかについて、明確なメッセージを伝えてはいなかった。どこかちぐはぐで統一感を欠いた式典は、ＳＮＳなどネット世論で異論や揶揄の対象となった。世紀の祝祭の幕開けと終幕を祝うセレモニーは、どうしてこれほど問題含みとなったのだろうか。どのような理由や要因が、その背景に見て取れるだろうか。

▼企画・演出チームの実態

世界的なパンデミックを受けて二〇年三月、東京大会の一年延期が決定された。そのことは当然、開会式・閉会式のあり方にも大きな影響を与えた。新たに決められた二一年七月に開催する方針は、それまでの期間さまざまな経費が新たに生じることを意味した。コロナ禍での競技実施は感染症対策が求められるため、追加経費も膨大な額に上る。それら経費面での課題を踏まえて、大会組織委員会は大会を「簡素化」する方針を打ち出した。これまで回を重ねるごとに規模が巨大化し長時間を要していた開閉会式に対して以前から批判があったことを踏まえれば、簡素化方針により式典はよりシンプルなものになるだろうと容易に想像された。その意味で、一年延期の結果として、開閉会式の内容に大幅な変更が迫られたことは十分推察できる。

だがここで注目したいのは、開催時期の変更や経費増大といった外部要因だけでなく、式典に関わる内在的な問題である。より具体的に言えば、開閉会式の理念やプランを企画・検討する組織とチームに生じた変化である。開催を二年後に控えた一八年七月に大会組織委員会が発表した布陣は以下の通りであった。チーフ・エグゼクティブ・クリエーティブ・ディレクターに野村萬斎（狂言師）、オリンピック・エグゼクティブ・クリエーティブ・ディレクターに山崎貴（映画監督）、パラリンピック・エグゼクティブ・クリエーティブ・ディレクターに佐々木宏（クリエーティブ・ディレクター）。そのほかオリンピック・パラリンピックのクリエーティヴ・ディレクターとして、川村元気（映画プロデューサー）、栗栖良依（NPO法人理事長）、椎名林檎（シンガーソングライター）、MIKIKO（演出振付家）、菅野薫（電通）の五名（菅野は二〇年一月辞任）。当初、日本の伝統芸能である能楽の第一人者として名高い野村萬斎のリーダーシップのもとで、オリンピック・パラリンピックそれぞれの開閉会式が「起承転結」を成す一連の式典として構想され、伝統と現代を融合した独自な世界が繰り広げられることに期待が寄せられた。

だが、八人体制での式典の構想と企画への取り組みはかならずしもスムースには進まなかったようだ。大手マスメディアの中で例外的に東京2020オリンピックに対して批判的なスクープを発し続けてきた『週刊文春』（二〇二一年四月一日、八日）の記事によれば、式典演出の責任者は当初の野村から次に山崎へと引き継がれた後、一九年六月にMIKIKOが実質的な役割（執行責任者）に就くことになった。そうした一連の体制・人事の変遷の背後に、大会組織委員会会長の森喜朗とのあいだに太いパイプを持つ電通ナンバー2の髙田佳夫の存在があったことを記事は報じている。そうした外部からの介入のもとで、それまでもっぱらパラリンピック式典に関わっていた佐々木が二〇年一月からオリンピック開会式の企画に関わるようになった。後に内部告発によって明らかにされた、女性タレントに対する佐々木の蔑視発言が関係者間のメールのやり取りでなされたのは同年三月である。四月にＭＩＫＩＫＯが企画・準備した開会式プランがＩＯＣに対してプレゼンされ、好評価を得ていたという。だが、佐々木が開会式チームに参入しイニシアティブを握ったことで翌五月にＭＩＫＩＫＯはプラニング業務から実質的に外され、佐々木がリーダーシップを担うようになった。『週刊文春』のスクープ記事は開閉会式の企画を担ったチーム内での一連の対立と紛争の顚末を、以上のように詳細に報じた。

二〇年一〇月にＭＩＫＩＫＯは自らが置かれた状況と、そのことへの不信感について綴ったメールを電通幹部ら宛てに送信し、翌月には大会組織委員会事務総長の武藤敏郎に辞表を提出した。だが大会組織委員会の正式発表では、一二月二三日付記事「東京２０２０大会の開会式・閉会式演出、新体制へ引き継ぎ…社会情勢の変化、簡素化を踏まえ」で、一八年七月三〇日に発表した野村萬斎をトップに据えた「企画演出チーム」がその任を終えたこと、ならびに二〇年七月に大会一年前プログラム「一年後へ。一歩進む。〜＋１（プラスワン）メッセージ〜ＴＯＫＹＯ２０２０」の演出企画を担った佐々木宏を四式典の総合企画・エグゼクティブ・クリエーティブ・ディレクター（ＥＣＤ）にあらためて迎えたことだけが告げられた。公式発表を読むかぎり、世間の注目と期待を集めた野村をトップに据えた「企画演出チーム」がどのような経緯と理由で解散したのかはまったく分からない。一年延期という予期せぬ事態が生じ、それに伴い簡素化方針が下されたとしても、それがどうして従来の体制の刷新を必要としたのか。それについて一言も触れられていないからだ。だが、その謎は先の『週刊文春』の一連の記事を読むことでいくらか明らかになるだろう。

　その後、佐々木は女性タレント蔑視発言が表沙汰になり、二一年三月に辞任。その前月には森会長が同じく女性蔑視の言動の責任を取って会長職を辞していた。開催まで数ヶ月を切った時点で組織の中枢を担う人物たちが退場を強いられるという異例の事態となった。最終的に大会直前の七月半ばに、開閉会式に関わるコンセプトの告知とあわせてプロデューサー・チームメンバーが以下のように発表された。エグゼクティブ・プロデューサーに日置貴之（東京2020組織委員会）、同補佐にマルコ・バリッチとピアース・シェパード。なお、野村はアドバイサーに据えられていた。

　以上、開閉会式を担った企画・演出チームをめぐる一連の動静について検討した。その目的は、すでにこれまでさんざん暴露されてきたスキャンダルに新たな事例を付け加えたいからではない。先に論じた開閉会式での表象／パフォーマンスに見て取れる不可思議さを理解するうえで、それを担った組織・チームでの対立や内紛に目を向けることに相応の意義があると考えるからだ。コロナ禍で一年の延期を強いられ、簡素化の対象となったオリンピックの式典。国民からの期待を一身に背負ったクリエーター／アーティストの間で継続的に生じていたチーム内での不協和音。こうした内的・外的双方の条件のもとで、開閉会式の企画・準備・運営がきわめて厳しい状況に置かれていたことがうかがい知れる。そのような制約と混乱の帰結として、実際に演じられた式典は明確なメッセージを欠いた代物になってしまった。不可思議な祭典の背景をこのように分析することは、それほど的外れではないだろう。

▼希薄な理念

だが、以上のように開閉会式の企画が置かれた窮状を確認すると、にわかに素朴な疑問が生じる。たとえ開催時期の変更と簡素化を強いられ、組織内で諍いが生じていたとしても、それがこれほどまでに統一感とメッセージ性を欠いた式典が生まれた主たる原因だったのだろうか。この疑問は、より根本的な問いへと繋がっていく。そもそも東京２０２０オリンピックには当初から、開催に向けた理念も伝えるべき明確なメッセージも無かったのではないか。そうした疑念を禁じ得ないからだ。すでにそのことは、東京大会を根底から問い直そうとする議論でこれまで指摘されてきたことでもある。もちろん、公式文書で二〇二〇年大会は「復興五輪」と銘打たれ、二〇一一年三月の東日本大震災からの復興を遂げた日本の姿を世界に示すことが目指すべき理念だとされてきた。だが、これも再三指摘されてきた事実だが、喧伝された「復興五輪」は結局のところ掛け声に過ぎず実質的な中身を欠いていた。さらに二〇年を迎えコロナ禍という新たな危機に見舞われたことで「復興五輪」はさらに影を潜めていった。その結果、実際に行われた開閉会式ではところどころで震災や被災地を感じさせる演出が見られたが、式典全体に通底するテーマとして「復興」が位置づけられていたとは思われない。こうした事実からも、そもそものはじめから「復興五輪」は招致に向けて国民の理解を得るために取って付けた開催理念であり、それに先立って「東京でオリンピックを開催する」ことの積極的な意義や理念など、実のところなにもなかったのではないか。そうした根本的な疑念が浮かび上がらざるを得ない。

このように招致決定の前後で喧伝された「復興五輪」がいつの間にか後退し、一年延期が決まるとその影をさらに薄くしていった経緯を思い起こすと、そもそも開閉会式を通して世界に伝えるべき明確な理念などはじめから無かったとの解釈の余地が増す。もしそうだとすれば、紆余曲折の末に成し遂げられた開閉会式で力強いメッセージが打ち出されなかった最大の理由は、簡素化による規模縮小でも演出チーム内の対立でもなく、ただ単に東京2020オリンピックそのものが代表/表象すべき理念を欠いていたからではないか。それは、あまりに身も蓋もない見立てかもしれない。だが、橋本とバッハがくどいほど繰り返したスポーツ/アスリートの力、連帯、平和、共にといった陳腐な言葉を思い起こすとき、式典でのいささか長すぎるスピーチは大会理念の欠如をなんとか粉飾しようとする悪あがきであったように思えて仕方がない。

▼「内向き」の自己表象

たとえ明確な理念やメッセージに裏付けられなくとも、開閉会式では東京/日本をテーマにさまざまなことが演じられた。だがそこにも、どこかしら不統一感とちぐはぐさが見て取れた。それはどうしてだろうか。開閉会式で演じられた日本表象の特徴とは、そこでの自己オリエンタリズム化である。つまり、西洋/外国の眼差しから捉えた日本＝JAPANのイメージを日本自らが己の像として演じる/表象する様が、そこに見て取れた。江戸の装束をまとった人びとが木遣り歌に導かれてグラウンドに登場したり、歌舞伎役者がジャズピアノ演奏と共演したりする演出は、文字通り外国の眼に映る「日本らしさ」を臆面もなく自ら演じている点で、自己オリエンタリズムの典型といえる。だが、国際的なスポーツの舞台で自己オリエンタリズムが提示されるのは、今回がはじめてではない。一九九八年長野冬季オリンピックの開会式でも同様に、オリエンタリズム的な日本像がより露骨で分かりやすいかたちで演じられ、人びとの失笑を買った。[3] それから二〇年以上が経過した時点で、同じような日本の自己表象がグローバルな舞台で繰り返されたことは興味深い。長きにわたりグローバル化の必要が喧伝され続けながらも、日本が世界に向けて自らを伝える方法と内容はなにも変わっていない。その驚愕の事実を、スタジアムに現れた大工や火消しの姿がはしなくも告げていたからだ。

開閉会式の演出のはしばしに、前回六四年の東京大会への独特なこだわりが見て取れたことも特徴的だった。式典を伝えるアナウンスでは六四年のオリンピックとの関連にたびたび言及がなされたが、そこからうかがい知れるのは戦後日本の成功神話と化した六四年大会へのノスタルジーである。だが、そうしたノスタルジーの表象は「日本」にとって心地よいものかもしれないが、ＪＡＰＡＮからのグローバルな発信という点から見てきわめて「内向き」だと評される。なぜなら、日本人が自己慰撫する六四年大会への感傷は、世界の多くの人びとにとってそれほど共感し共有できるものではないからだ。この内向き指向は、式典のほかの箇所にも見て取れた。海外から参加したアスリートたちに「東京の街」を見てもらおうとする演出趣旨は、コロナ禍によって強いられた行動制限を考えれば十分理解できる。だが、そこで描かれ演じられるのはあくまで日本の人びとにとって馴染みのある「東京の街」であり、そうした自己表象の外へ出ようとする想像力はきわめて弱い。大道芸人たちのパフォーマンスを通して伝えられるＴＯＫＹＯという都市の姿が、よりグローバルな広がりのもとで世界のほかの都市との共通性や互換性を観る者たちに感じさせることはなかった。なぜなら、あくまでここ＝東京／日本という特定のコンテクストに根ざしたかぎりで都市と自己を表象するという域を出ないからである。結局のところ「日本にとって」というローカルかつナショナルな歴史と背景を超えて、よりグローバルで普遍的な視座から文化を表象しようとする指向性は開閉会式ではきわめて希薄であった。

以上、三つの視座から開閉会式に見て取れた特徴の背景と要因を検討した。待ち望まれた開会式・閉会式が実際に行われると、人びとはＳＮＳでのネタとして不満や疑問を気安く口にしていた。だが、東京大会での式典が不評を買った背景は、実のところきわめて根深い。なぜなら、そこから浮かび上がるのは理念なき祝祭という東京２０２０オリンピックの実像であり、いまだに若い／女性のクリエーターが実力を十分に発揮できない日本の男性中心社会の現実であり、久しくグローバル化が叫ばれながら依然として確たる自己像を世界に向けて発信できていないＪＡＰＡＮの窮状だからである。

可能性のありか

それでは開閉会式での一連の式典は、ちぐはぐさと不統一感が漂うだけで祭典の表象として取り立てて見るべきものはなかったのだろうか。けっしてそんなことはない。そこにたしかに興味深い表象実践が見て取れた。だがそれは、テレビ中継のアナウンサーを驚嘆させた最新ドローンが上空に描き出した「地球」でも、ネットで話題になった「動くピクトグラム」の懸命のパフォーマンスでもない。見栄えよく分かりやすい演し物と比較すればどこか地味で、むしろ暗さを感じさせるような演出にこそ、一連の式典の意義が潜んでいたのではないだろうか。それは、ほかでもない「死者の表象」である。

開会式では森山未來の踊りを通して、死者への弔いが演じられた。閉会式ではリオ大会からの継承である世界平和を祈願するパフォーマンスとして、アオイヤマダがこの世を去った人たちを表現する神秘的な舞踏を披露した。その踊りを受けて日本各地の伝統舞踏が映像で紹介された後、スタジアムでは「東京音頭」が演奏され、参列した各国・地域からのアスリートたちも見よう見まねで踊っていた。いかにも日本の夏の風物詩をイメージさせる和服姿のパフォーマンスは、自己オリエンタリズムの一例とも言えるだろう。だが実況アナウンスでも言及されたように、盆踊りがそもそもあの世からこの世へと還ってくる先祖の霊を迎え入れる行事であることを思い起こせば、ここでの一連の演出に通底するテーマとして死者との邂逅《かいこう》があるのは明らかだろう。

ほかのパートと同様、死者をめぐる表象もかならずしも統一的でなく、ときとしてちぐはぐなものだった。開会式での追悼の対象には、新型コロナウイルス感染症の犠牲者と同時に七二年ミュンヘン大会でのテロ事件犠牲者も含まれ、いったいスタジアムでの黙祷を通してなんのためにだれを弔うのかは曖昧だった。また、ビデオ映像が伝えた日本各地の伝統舞踏から会場での「東京音頭」へと引き継がれることで、見た目において分かりやすい「踊る」という身体的要素だけが前景化し、幽玄な舞踏を介して表象される死者／生者というテーマが薄れていた感は否めない。だが、そうした限界を持ちながらも、明るく華やかであることが期待される祝祭のただ中に持ち込まれたどこか物憂げで沈鬱な時間と空間を通して、あの世へと逝った者たちを感じ取る機会が演じられ、そこで死者が表象されていたこと自体には意味がある。その点で、当初チーフ・

エグゼクティブ・クリエーティブ・ディレクターとして開閉会式全体の企画を担った野村萬斎が掲げた「鎮魂と再生」とのテーマ(4)は、企画チーム内の対立と紛争によって彼自身が最終的にアドバイザーという役職へと追いやられたにもかかわらず、世紀の祭典の始まりと終わりを言祝ぐセレモニーを通してかすかに聴こえてくる通奏低音として、かろうじて生き残ったように思われる。

開閉会式で「死」をテーマにした演出がなされた背景に、世界中に広がった新型コロナウイルス感染症の脅威を見て取ることは容易だ。当時、未曾有の危機のもとでだれにとっても死はけっして縁遠いものでなく、むしろ身近な脅威として感じられていたに違いない。だからこそ、本来ならば華々しい祭典にどこかしらまとわりつく暗く陰鬱な死の影こそが、普遍的なメッセージとして観る者たちの共感を引き起こしていたのではないだろうか。それは晴れやかなメガイベントにとって、なんとも皮肉な結果だったかもしれない。だが同時に、今の時代に求められるグローバルな文化表象の条件がそこに見え隠れしていた。躍動する身体を通して生き生きとした若人の技が競われるオリンピックという祝祭の場。だがそれは、かぎりある人間の生命との対比でのみ意味を持つ。いま/ここに生きる人びとは、過去のあのとき/あそこで生を授かっていた今は亡き者たちと、どこかでつながっている。だからこそ人は、未来に向けてそのとき/あそこに生まれるであろう者たちへと、希望を託すことができる。そうした生/死の連なりを静かに表象することは、今日のメガイベントを彩る見栄えするスペクタクルと比較してあまり注目を集めない。だが、コロナ禍に世界が見舞われているただ中で敢行されたスポーツの祭典で演じられた「死者の表象」には、世界的な連帯の契機がたとえ一瞬であれ見て取れたように思われる。しかしそれは、バッハ会長が繰り返した「連帯」や「共に」とのスローガンとは大きく異なる。なぜなら、現世権力の中心に身を置く人物から発せられる連帯が徹頭徹尾いま／ここに生きるわたしたち＝生者を中心に据えているのに対して、グローバルな可能性を秘めた死の表象で問われていたのは、生者による「死者の追悼」であるよりもむしろ死者による「生者の召喚」だったと思われるからだ。素朴に想定され普段から実感されている生者と死者との関係が、なにかしらの表象を介して反転する瞬間。それがたとえ微かであれ感じられたとすれば、東京２０２０オリンピックの開閉会式にはグローバルな文化表象としての可能性があったと言えるだろう。

注

（1）東アジアにおける国際政治とスポーツとの密接な関わりについては、以下の研究に詳しい。高嶋航『スポーツからみる東アジア史――分断と連帯の二〇世紀――』二〇二一年。

（2）女子陸上一万メートルの代表となった新谷仁美は、大会開催を間近に控え世間で「開催か中止か」が盛んに議論されたことを受けて、自らの立場・意見して「命より大事なものはない。人としては今年の東京五輪開催には反対だが、アスリートとしては答えがわからない」と語っていた。こうした発言には、東京大会に参加したアスリートたちが抱いていた複雑な心境がうかがえる。『東京新聞』二〇二一年五月一八日付朝刊。

（3）阿部潔『スポーツの魅惑とメディアの誘惑――身体／国家のカルチュラル・スタディーズ――』二〇〇八年、第三章参照。

（4）野村萬斎は二〇一八年の段階で開閉会式のコンセプトに関して、東京大会が「復興五輪」を掲げていることを踏まえて「シンプルかつ和の精神」を重視する立場から「鎮魂と再生が重要」と抱負を語っていた。『毎日新聞』二〇一八年七月三一日付、八月一日付。

防護服を着た航空会社関係者に先導されて入国する中国選手団。徹底した感染症対策のもとで実施された大会は、当時の東京／日本での日常と切り離されたパラレルワールドと形容された。
©時事

第3章

祭典のただ中で——不可思議なパラレルワールド

どこかあっけなく、なにか物足りなく、それでもそこそこ楽しまれ、けれどまったくスッキリすることなく終わった、二一年夏の世紀のメガイベント。そのように東京２０２０オリンピックを振り返る人は少なくないだろう。はたして、東京大会はコロナ禍のもとで敢行されたスポーツと平和の祭典として成功したのだろうか。危機のただ中でオリンピックを迎え入れた東京／日本で暮らす人びとは、世界中から若人が集った祝祭にどれほど盛り上がったのだろうか。これから振り返るように、その問いへの単純明快な答えを容易に許さない複雑さと曖昧さが、大会開催に見て取れた。

開催までの道のり

コロナ禍により一年延期された東京２０２０オリンピックは、それ以前からさまざまな混乱に見舞われていた[1]。延期決定以降も迷走が続いた。二一年二月、大会組織委員会の会長を長く務めた森喜朗が女性蔑視発言の責任を問われ、橋本聖子に交代。開幕直前には、開会式の企画・運営で中枢を担ってきた複数のスタッフが過去の不適切な言動を理由に辞任や解任に追い込まれた[2]。開催年の二一年を迎えたもののコロナ禍の収束がまったく見通せず、期待されたワクチン接種も計画通りスムースには進まない社会情勢のもとで、多くの都民・国民はなにかしらもやもや感を抱きながら世紀のイベントを迎えることを強いられていた。当時の世論調査が示していたように[3]、開催を間近に控え東京大会に対して「反対」や「再延期」、さらに「無観客」での実施を求める意見が増加していたことも、そんなもやもや感を後押しした。テレビニュースでインタビューに答える「街の声」として紹介された「こんな状況では、せっかくのオリンピックを素直に喜べないし、楽しめない」との嘆きともぼやきともつかない言葉は、七月二三日に開会式を迎える直前まで広まっていた当時の空気を象徴していた。

ここで注目すべきは、そうした市井の人びとが口にした喜べない／楽しめないとの心情吐露に二重性が見て取れる点だ。一方で、これまでに起きた東京２０２０オリンピックをめぐる数々の不祥事を前にして〈わたし〉自身が祝祭を手放しでは受け入れられない。それと同時に、東京を中心に日本各地でコロナウイルス感染症がいまだ深刻な状況であり続け、わたしたち＝みんなが日々困難のもとで暮らしている最中に、たとえ〈わたし〉はオリンピックをどこか心待ちにし、楽しみたいと思っていても、その気持ちをおおっぴらに表明することはどこかしら憚《はばか》られる。巷に広まっていた「素直に喜べない」との声は、オリンピックを迎え入れる人びとが胸中にかかえた複雑な思いを巧みに表していた。

開幕後の情勢

ももや感が解消されることなく、東京都に発令された四度目の緊急事態宣言下で開催を迎えた酷暑のもとでのオリンピック。だが、ひとたび世紀の祭典が始まれば、当然のごとく人びとの受けとめ方や楽しみ方も微妙に変化していった。その背景として、なによりも日本選手・チームによる活躍と躍進が指摘できる。始まる前から容易に予想されたことであるが、開催国としてのさまざまな利点や東京大会で復活採用された競技種目（野球・ソフトボール）での以前からの優勢も追い風となり、開会式翌日の柔道男子・髙藤直寿の金メダル獲得を皮切りに、連日のメダルラッシュに日本は湧いた。競泳女子・大橋悠依の二つの金メダル獲得をはじめとして、有望視されていたアスリートたちの期待通りの、あるいは予想を上回る活躍を各種メディアは毎日こぞって報じた。他方、競泳の瀬戸大也やバドミントンの桃田賢斗のようにメダル獲得が期待されていたアスリートが思わぬ不振にあえぐ事態も起きた。だが、そうした厳しい現実よりも嬉しい結果をクローズアップして日本の活躍をもっぱら伝えるという、いつも通りの「ご都合主義ナショナリズム」とでも呼ぶべきオリンピック報道が連日なされたのである。こうしてお決まりの定型化されたメディアの語りに囲まれながら、視聴者／国民の多くは、これまでとさして変わることなくオリンピックを体感していたことだろう。メディアを介してオリンピックを知ることで、今まで経験したこともないような「ニッポンの活躍！」が実感できたのであれば、なおさらである。

もちろん、そのように楽しまれたからと言って、これまで漠然と抱かれてきた大会開催への疑問、不安、ためらいが一気に解消されたわけではなかった。実際、開催期間中も反対デモは国立競技場周辺で続けられていた。また、SNSでは開催是非をめぐる議論が終わることなく交わされていたことが思い起こされる。だが、日本人選手の目覚ましい活躍を目の当たりにして、さらにメダルを獲得したアスリートたちがインタビューに応えるなかで困難な状況のもとで大会が開催されたことへの感謝の気持ちを口々に発したことで、(4)これまで少なからぬ人びとが感じていた「なんとなく」の疑念や反対の気分は、(5)いわば宙づりにされてしまった。つまり、すっきり解消されることがなくとも、とりあえずは表立って口にしづらい状況が生み出されたたのである。そうした空気は、向かう方向は真逆であったとしても開幕前に感じられた「素直に喜べない」との言葉に込められた心情と、そのメカニズムにおいて相同だと判断される。つまり、競技結果でこれほどの活躍が実際になされ、ほかならぬ功績者たちが開催に疑念や反対を表明してきた世間に向けて感謝やお礼の言葉を繰り返し口にする姿を前にして、善良なる国民の多くは「反対できない」と感じたに違いない。

こうして東京大会は、一見したところいつものオリンピックとさして変わることなく人びとに受け入れられた。だが、その実態は国を挙げての熱狂や手放しのニッポン礼賛とは、やはりどこか異なるものだったのではないだろうか。早々に金メダル獲得総数が史上最多を記録したが、その快挙を報じるメディアと世論の受けとめ方は、どこか淡々としたものだった。そこには、日本選手・チームの競技結果や成績に一喜一憂するだけでなく、コロナ危機のもとで開催された大会それ自体の成り行きを粛々と見届けようとするかのような、どこか醒めた姿勢が見て取れた。

その意味を考えるうえで、大会期間中に起きたSNS上でのアスリートへの誹謗中傷という事件に目を向けてみよう。日本選手やチームのめざましい活躍が報じられた一方、好成績を残したアスリート本人に対して称賛や励ましの声だけでなく心ない意見や誹謗中傷がSNS上で繰り返し投稿されていることが、アスリート本人の告白で話題となった。(6) もちろん投稿内容の詳細が広く報じられはしなかったが、SNSユーザーの多くにとってどのような言葉が交わされていたのかは容易に想像がついただろう。だが興味深い点は、大会期間中に注目を集めた誹謗中傷問題は、少なくともテレビや新聞といったマスメディアでは特定の人物や国を「容疑者」として問い質すことなく、一年延期という困難な状況下で懸命に一途に競技に専念してきたアスリートを一方的に非難し、言葉で攻撃する振る舞い自体の不当性を強調する方向へと転じていったことだ。つまり、オリンピックの主役であり、メダル獲得という栄誉を手にしてもおごることなく世間や関係者への感謝の言葉を謙虚に口にする健気なアスリートに向けて、匿名の立場から心ない言葉を一方的に浴びせることがいかに卑劣であるかが問われたのである。こうした「アスリート・ファースト（競技者を第一に！）」ならぬ「アスリート・センタード（競技者を中心に！）」とでも形容すべき報道方針には、大会での個別の競技結果に一喜一憂する以前に、そもそも四年に一度のオリンピックが開催できている事実の意義を読者や視聴者に伝え、より多くの人びととその喜びと価値を共有しようとする姿勢が見て取れる。現在の時点から振り返るとき、きわめて真っ当で道徳的なこうした物言いは、コロナ禍という困難のもとで強行開催という賭けに打って出た東京2020オリンピックを閉幕後どのように回顧し、そこにどのような意義を見出すのかという「その後」のレガシー創りに向けた伏線であったかのように思われる。

だが、ここで決して忘れてならない明白な事実がある。まるでいつものオリンピックと変わらぬかのようにメディアが報じ、自国開催のオリンピックで日本／JAPANが活躍する姿に国民・視聴者が声援を送り、日々伝えられるメダル獲得数にどこかしらナショナルな誇りを感じている間にも、東京／日本でのコロナウイルスの感染状況は日増しに深刻さを増していた。

閉幕後のメディア報道

ある意味で「いつもと変わらぬオリンピック」のように伝えられ、日本選手とチームの大躍進に国民が歓呼した二一年夏の東京大会。だが、閉幕直後の振り返られ方には、これまでとはどこか異なる傾向が見られた。なぜなら、各種メディアがこぞってオリンピックの社会的意義を取り上げ、それを大いに称賛していたからである。

ここでも主役＝センター＝はオリンピアン＝トップアスリートたちだった。大会期間中にメダリストたちが口にした感謝の言葉が繰り返し伝えられたのに続き、大会終了後は自らの心境を語る「アスリートの言葉」に注目が集まった(7)。アスリートたちがなんのためにスポーツに打ち込み、勝利を目指して困難に立ち向かい、どのような覚悟でオリンピックという世界の舞台に挑んだのかが、そこに至るまでの挫折や苦労を踏まえたアスリート自身の言葉を交えて感動的に語られた。またメディアは、大会ビジョンのひとつである「多様性と調和」を受けて、東京大会に参加したオリンピアンの中に自らが性的マイノリティであることを公言した者が多数いたことを大会の成果として言祝いだ。さらに、人びとに感動をもたらしたアスリートたちはスポーツ競技に打ち込むだけの存在ではなく、オリンピックの場で社会や政治の問題について明確な意思表明をしたことが高く評価されもした。このように東京２０２０オリンピックの成果を振り返る中で強調されたのは、オリンピックが単なるスポーツの祭典ではなく、社会・政治・文化に関して世界中の人びとにメッセージを送るという偉大な意義と役割を担うという事実である。

大会期間中に生じたさまざまな出来事を紹介しつつ、ここで声高に唱えられたオリンピックの社会的な意義は、東京大会を通して目の当たりにした驚きと感動のシーンとして〈わたしたち〉の心に強く訴えかけた。だが、忘れてはならないもうひとつの事実がある。それは、閉幕後に称賛されたこれらの意義を、これまでオリンピックはむしろ否定し制限してきたという歴史だ。現在でも「男性」と区別された「女性」として競技に臨むアスリートは、ときとして自らが「女性である」ことを科学的根拠（特定のホルモン分泌量の多寡）によって証明することを強いられる。その基準をクリアできないアスリートは、特定の競技種目に「女性」として参加することを許されない[8]。

サッカー女子日本対イングランドの試合開始前にピッチで片膝をつく両チームの選手たち。東京2020オリンピックでは、アスリートによる自己主張や社会への発信が注目された。
© AFP＝時事

東京大会でサッカーの試合前にピッチ上で片ひざをつく（take a knee）示威行為ができたのは、ＢＬＭ（Black Lives Matter）運動の世界的な広まりと、ＮＦＬ（National Football League）をはじめとする各種競技団体でのアスリートたちの賛同表明の高まりに押されてＩＯＣが当初の方針を直前に変更せざるをえなかったからである。そもそもバッハ会長は「スポーツの中立性」を重視するとして、オリンピックでの政治的・宗教的な主張やデモンストレーションを規制するオリンピック憲章五〇条二項の運用を東京大会でも従来どおり実施しようとしていた。(9) 実際に競技開始当初、両チームの選手たちがピッチ上で片ひざをつく姿は大会公式ソーシャルメディアに一枚も掲載されなかった。なぜならば、ソーシャルメディア・チームに向けて「そうしたシーンを掲載しないように」との通達が出されていたからだ。この驚愕の事実を英国紙『ガーディアン』が内部関係者からの情報としてスクープ報道したことを受けて、ＩＯＣ・大会組織委員会は急遽方針を転換した。(10) こうしたお粗末な対応からも、ＩＯＣと大会組織委員会がアスリートたちの「表現の自由」をどの程度真剣に考えていたかが、うかがい知れるだろう。

さらに言えば、大会閉幕後のアスリートの言葉にことさら耳を傾けるのであれば、開催直前まで大会の是非をめぐり世論が分断されていた状況下で日本のアスリートたちが発した声や言葉、もしくは頑なに守られた沈黙の意味がもっと注目されても良かったのではないだろうか。大会組織員会の広告塔として大会一年前プログラム「一年後へ。一歩進む。〜＋１（プラスワン）メッセージ〜ＴＯＫＹＯ２０２０」に協力したアスリートは、世間から開催の是非を問われ「わたしにはどうすることもできません」と当惑気味に返す言葉しか持ち合わせていなかった。それは多様であるはずの「アスリートの声」として、あまりに貧しいと言わざるを得ない。

このように「不都合な事実」と切り離したかたちで、東京大会で示されたオリンピックの社会的意義がことさらに唱えられた。そうしたメディアによる総括の仕方は、自らの内にさまざまな矛盾と危機を抱えるオリンピックというグロテスクな存在の延命を図ろうとする企てに加担することにほかならないのではないか。そうした疑念を抱かれても致し方ないだろう。

だが、興味深いことにオリンピックが持つ社会的意義の礼賛と正当化は、それほど長く続かなかった。閉幕直後こそオリンピック／スポーツの力と意義が繰り返されたが、それもすぐに終息した。なぜなら、メダル獲得数で日本が躍進したという偉業と、世界的なパンデミックという危機のもとで「スポーツの力で世界に発信」(菅義偉首相)することを目指した大会を無事に終えた成果の余韻に浸ることなく、メディア報道も世論の関心も瞬く間に別の事柄へと推移したからだ。いうまでもなくそれは、大会期間中に深刻さの度合いを一層深めた国内でのコロナ禍という現実である。

こうした巷での話題と関心の素早い移り身のもとでも、実のところオリンピックの価値は守られていた。なぜなら、大会関係者は一様に目の前に広がる感染拡大の惨状とオリンピック開催は「関係はない」と平然と強弁してはばからなかったからだ[11]。開催前の段階ですでに医学の専門家たちが警鐘を鳴らしていた「大会開催による感染の拡大」が現実と化した事態を前にしても、政治指導者たちは十分に説得的な根拠を示すことなく「関係はない」と断言した。科学という知の営みを蔑ろにする反知性主義とでも呼ぶべき政治的な言動が、この社会の指導者層に深く染み付いている様がそこに如実に見て取れた。

こうしてコロナ禍以前からさまざまなスキャンダルや事件に見舞われ、コロナ禍以降はその混迷の度合いをさらに深め、開催二ヶ月前の段階で国民の半数近くが「反対」を唱えていた東京2020オリンピックは、世論や専門家集団が発した警鐘をいわば無視するかたちで強硬に開催されることで、曲がりなりにも成し遂げられた。そして祝祭を終えたことで、兎にも角にも大会を開催したこと自体が既成の事実(オリンピック・レガシー!)となり、閉幕直後にはアスリートの素晴らしさとスポーツが果たす社会的意義が言祝がれた。

そのことで、開催前に多くの人が抱いたもやもや感が解消されることも、反対を唱える運動・世論が突きつけた課題が解決されることも、実際にはなかった。それにもかかわらず「やり遂げた」という既成事実の名のもとで、結果として東京2020オリンピックはこれまで問われてきた罪と過ちを自ら免罪し、その罪状自体もどこかしら忘却されてしまったのである(12)。

「パラレルワールド」としてのオリンピック／コロナ禍

このように開幕前・開催中・閉幕後のメディアと世論の動向を概観してくると、冒頭で述べたあっけなさ、物足りなさ、楽しさ、スッキリしなさが混在した東京2020オリンピックへの印象が生じた背景がいくらか明らかになるだろう。だが、それと同時により根本的な疑問がわき起こる。そもそも、どうしてこんな不可思議な事態が社会に生じていたのだろうか。日々コロナ禍の危機が深まっていくただ中で、どうして世紀の祭典が平然と開催されたのだろうか。皮肉にもこの謎を解く鍵を、大会開催を強引に推進した側の中枢にいた人物の言葉に見出すことできる。

開幕からおよそ一週間後の七月二九日、IOC広報部長マーク・アダムスはコロナウイルス感染症の状況とオリンピックとの関連について、以下のように断言した。参加選手や関係者は厳しい規制のもとで生活・活動しており、それはまるで「パラレルワールド＝並行世界」に生きているようなものなのだ。よって大会開催は、東京での感染拡大になんら影響を与えていない。この発言は、それ以前から問題視されていたIO

C関係者の傲慢で高圧的と受けとめられかねない一連の発言と同様、ネットの世界で大いに物議をかもした。[13] だが、ここで注目したいのは発言の無神経さや身勝手さではなく、パラレルワールドという言葉に込められた意図と意味である。

あらためて言うまでもなくアダムスにとって「パラレル」に存在する世界とは、徹底した感染症対策として採用されたバブル方式のもとで、外界から隔絶され安全・安心なオリンピックが開催されていた空間にほかならない。それに対して、アダムスの発言に対して違和感や怒りを表明した医師や看護師など医療現場に従事する人びとにとって、むしろパラレルと感じられたのは自分たちの目の前に広がる厳しい現実とあまりにかけ離れたメガイベントの開催であり、それは今後に対応を迫られる感染状況をより深刻なものにする潜在的危機にほかならなかった。そして、メディア報道を通してコロナ禍の推移を日々見聞きしながらも、開幕後は疑問や不安をいわば宙吊りにすることでオリンピックを受けとめていた人びとにとって、もしかすると近い将来にわが事として突きつけられるかもしれない恐ろしい現実をしばし忘れさせてくれるメディアを介して体感される祝祭の姿こそが、パラレルワールドを意味していたことだろう。このように考えると、オリンピックとコロナ禍に関して発せられた「パラレルワールド」との言葉は主催者が保障した安全で安心な世界だけでなく、医療従事者が危惧していた危険や災厄にほかならない強行開催、さらに〈わたしたち〉の多くが淡い期待を寄せた気休めと慰みをもたらしてくれるイベントを、図らずも意味するものだったことが明らかになる。そして当然のごとく、互いに異なるパラレルワールドは文字通り並行しながら、それぞれが同時に存在し進行していくかぎり、決して交わることがない。いま／ここという同じ時空にありながら、それぞれが生きる世界はどこまでもパラレルなままなのである。

おそらくアダムスの発言は、当時日本に暮らす人びとが互いにパラレルな状況のただ中に置かれていたという事実の核心に触れ、それに気づかせる言葉だった。だからこそ本人の発言意図とは別の次元で、さまざまな議論を巻き起こしたのだろう。ここに浮かび上がる多元的なパラレルワールドは、コロナ危機が深刻化していく様がだれの目にも明らかだったにもかかわらず結果としてそれを止めることができず、さらなる危機として大会の強行開催を迎え入れてしまったことの原因を考える糸口を与えてくれる。

本来、「パラレルな世界」が問われる前提として、いま／ここで生きられる世界がなにかしら確固たるものとして実感されているはずだ。そうでなければ、いま／ここと並行して存在する別の／どこかの世界を構想することの意味や面白みが失効してしまう。だが、パラレルが多元化することで、ある人にとってほかの人の日常こそがパラレルワールドとなり、別の人にとってさらにほかの人が暮らす日々が並行して存在する世界として受けとめられる。そのようにさまざまな世界が互いにパラレルな関係のもとで、ときに楽しく、ときに恐ろしく、そしてどこかしら不可思議な存在として相互に成立する背景に見え隠れするのは、なにによりも増して確固たるものとしてあるべき〈わたし〉が生きるいま／ここの世界がそれほど確かに感じられない、との〈わたしたち〉のあいだで漠然と抱かれた不安な感覚ではないだろうか。パラレルがすでに多元的に生きられてしまっている今の社会では、たとえだれでもが関わらざるをえない厳しい現実だとしても、それが幅広い層におよぶ人びとのあいだで「リアルなもの」として分かち持たれにくいのかもしれない。なぜなら、それもまたひとつのパラレルワールドとして容易に〈わたし〉から隔絶され、どこか他人事として安易に片付けられてしまうからだ。日常のただ中でパラレルな世界が多元化されていくことで、本来であればいま／ここにあるはずの現実味がどこまでも薄らいでいく。

このように少しばかり哲学的な思考をめぐらすと、危機の最中に祝祭が平然と開催されたことの理由と、一方で祭典を終えて人びとの関心が日々厳しさを増す現実に向かいながらも、同時にどこか危機意識の希薄さも感じられた当時の社会の不可思議さの背景を理解できるだろう。メディアを通してコロナ禍の惨状が連日のように伝えられ、医療現場の当事者たちから悲痛な声が聞こえてきても、〈わたしたち〉の多くはどこかそれをパラレルワールドとして受けとめてしまっていた。だからこそ、世紀の祭典を終えて以降も人びとは親しい仲間との会食や大切な家族との旅行など、ささやかで身近な祝祭を求めてやまなかった。だが、ここにも不都合な事実が待ち受けている。たとえどれほどパラレルに見えたとしても、またそうあって欲しいと切に望んだとしても、コロナ禍はだれもそこから逃れられない厳しい現実にほかならない。それが並行ではなく同行として、いつかどこかではなく今ここに立ち現れたとき、ようやく〈わたしたち〉は多元的なパラレルワールドを生きることの危うさに気づくだろう。

東京2020オリンピックをめぐる一連の出来事を通して大いに顰蹙を買ったIOC関係者のひとりであるディック・パウンドは、開催を危ぶむ日本の世論に対して「予見できないアルマゲドンでもないかぎり実施できる」とうそぶいた。そのおよそ半年後、オリンピックを成し遂げた日本社会を待ち受けていたのは新型株オミクロンの爆発的な感染拡大であった。今となっては「予見できないアルマゲドン」とコロナウイルスが引き起こす想定可能な災厄との違いは、かぎりなく小さくなっているかに思われる。まるで世界の終末が日常の一部と化していくかのような予兆を前にして、これまでそれぞれのパラレルワールドの中で暮らしてきた〈わたしたち〉は、はたしていつになれば厳しく不都合な事実に満ちた現実に向き合う術を得られるのだろうか。オリンピック開催を機に人口に膾炙した「パラレルワールド」との言葉は、図らずも〈わたしたち〉を取り巻く根深い窮状を垣間見るキッカケを与えてくれたのかもしれない。

注

（1）詳しくは、阿部潔『東京オリンピックの社会学――危機と祝祭の2020JAPAN――』二〇二〇年を参照。

（2）開閉会式の音楽制作チーム・メンバーだった小山田圭吾が七月一九日に辞任し、その直後調整役を担っていた小林賢太郎が二三日に解任された。なおそれ以前にも、それまで開閉会式の演出総合統括を務めていた佐々木宏が女性蔑視演出の責任をとって二一年三月に辞任している。

（3）NHKの世論調査によれば、二〇二一年五月は「反対」が四九%、「無観客」が二三%、六月は「反対」が三一%、「無観客」二九%であった。

（4）レスリング男子で銀メダルを獲得した文田健一郎は、インタビューの冒頭で「まずは大会の開催と運営に協力してくれた人。テレビの前で応援してくれた人、全員に感謝したい。本当にありがとうございます」と涙ながらに感謝の言葉を口にした。

（5）コロナ禍を契機として東京大会への「なんとなく賛成」が「なんとなく反対」に反転した後、開催時期が迫るにつれて「なんとなく開催」へと向かった世論動向については、以下での筆者のコメントを参照。『朝日新聞DIGITAL』（二一年六月二九日付）「東京五輪を「なんとなく」支持　あの空気の正体とは」、『AERA』（二一年八月九日付）「モヤモヤしながら応援」。

（6）卓球の男子団体銀メダル、混合ダブルス金メダルを獲得した水谷隼は、自らがＳＮＳ上で誹謗中傷被害を受けたことを公言した。
（7）例えば、ＮＨＫ「アスリート×ことば」https://www3.nhk.or.jp/news/special/athlete-words/（二〇二二年八月五日閲覧）。
（8）*The Guardian*, 'Masilingi and Mboma racing against Olympic elite and complex cruelty' (2021. 8. 2), https://www.theguardian.com/sport/2021/aug/02/masilingi-and-mboma-racing-against-olympic-elite-and-complex-cruelty (2022. 10. 8. 閲覧).
（9）*The Guardian*, 'IOC bans athletes from taking a knee and podium protests at Tokyo Olympics' (2021. 4. 21), https://www.theguardian.com/sport/2021/apr/21/podium-protests-to-be-banned-at-tokyo-olympics-after-athletes-poll (2022. 10. 8. 閲覧).
（10）*The Guardian*, 'Tokyo 2020 social media teams banned from showing athletes taking the knee' (2021. 7. 21), https://www.theguardian.com/sport/2021/jul/21/tokyo-2020-olympics-social-media-teams-banned-from-showing-athletes-taking-the-knee; (2022. 10. 8. 閲覧), *The Guardian*, 'Tokyo 2020 U-turn allows social media teams to show athletes taking the knee' (2021. 7. 22), https://www.theguardian.com/sport/2021/jul/22/tokyo-2020-u-turn-allows-social-media-teams-to-show-athletes-taking-the-knee (2022. 10. 8. 閲覧).
（11）東京大会の閉幕を受けての記者会見の場で、丸川珠代五輪担当大臣は「オリンピックの開催は感染拡大の原因にはなっていないものと考えている」と発言した。
（12）二〇二二年六月に承認された大会組織員会による公式報告書『東京２０２０オリンピック・パラリンピック競技大会公式報告書』での基本的なトーンは、ここで指摘した困難のもとで大会をやり遂げた点を自画自賛するものである。
（13）日本でのコロナ禍の状況と東京オリンピック開催との関連について、ジョン・コーツ調整委員長は「東京に緊急事態宣言が発令されても開催は可能」と発言し、バッハ会長は「日本の方は五輪が始まれば歓迎してくれる」と期待を寄せた。それぞれの発言はネット上で議論を呼び起こした。

2016年10月に銀座で催されたリオ大会メダリストたちによる凱旋パレードを待ち受ける多くの観衆。東京大会招致決定以降長きにわたり、人びとはオリンピックに惹きつけられてきた。
筆者撮影

第４章

喧騒のあとで——落ちた「憑き物」

いつものオリンピック？

いったいあれは、なんだったのだろうか。それほど遠い過去の出来事ではないのに、まるではるか昔のことのように感じられる。もしかするとそんな騒動があったという事実そのものを、さらに自らがＳＮＳを介して当時そこに関わっていたことすら、多くの人はすでに忘却の彼方へと追いやってしまったのかもしれない。だが二〇二一年の夏、たしかに世間は「東京オリンピックを開催するのかしないのか」をめぐり、おおいに賑わっていた。そして疑いもなくその主役のひとりは、ほかでもない〈わたしたち〉自身だった。

思い起こせば、開催年である二一年を迎えて以降、日に日に深刻さを増すコロナ禍のもとで東京２０２０オリンピックへの逆風が一気に強まっていった。開催まで数ヶ月を残した頃、新聞やテレビは世論のおよそ八割が「中止あるいは再延期」を支持していると報じていた。だが、そうした世論の危惧や懸念をものともせず、ＩＯＣ・政府・大会組織委員会は開催へと強引に突き進んでいった。そうした経緯の詳細は、ここまでの議論で紹介した通りである。

感染拡大の一途をたどるコロナ禍のもとで暮らす市井が「オリンピックどころじゃないだろう!?」と感じているただ中で、東京大会は強硬開催された。だが、競技の結果について言えば、日本はメダル獲得数で素晴らしい成果をあげた。金メダル獲得数二七、メダル獲得総数五八はともに、日本の歴代オリンピック参加での最高成績だった。その意味で、東京大会は競技結果として偉大な成功を収めたと言える。開催前から容易に予想されていたことだが、自国開催の有利さも手伝って開幕当初から柔道をはじめメダルラッシュに日本は沸いた。連日テレビなど各種マスメディアは、自国選手とチームによる快挙を報じ続けた。日本／JAPANの活躍を嬉々として伝えるメディアの姿は、たとえ緊急事態宣言下の東京をはじめ日本各地で感染が急拡大していたとしても、文字どおり「いつものオリンピック」と変わらぬ光景だった。そこに垣間見えたのは、バッハと橋本が開会式挨拶で唱えていた世界中から集った若者による「スポーツと平和の祭典」といったコスモポリタニズムを建前としながらも、もっぱら「自分たちの国」の活躍に一喜一憂することに終始するという、これもまたいつもどおりの「ご都合主義ナショナリズム」だった。

余韻のなさ

ただ、東京2020オリンピックの「その後」に関してとりわけ興味深い点を挙げるとすれば、競技での華々しい成績とコロナ禍という危機のもとで無事にやり遂げた実績があったにもかかわらず、閉幕後のメディアにも世論にも祝祭の余韻に浸るような気分がさほど感じられなかったことである。先に述べたように、開催直前まで国民のかなりの層は「中止」や「再延期」を望んでいると報じられ、その意味で東京2020オリンピックは激しい逆風にさらされていた。そうした逆境のもとで、大会はあえて強行されたのだ。だが、蓋を開けてみれば日本勢の大躍進のもとでメディアは「いつものオリンピック」を伝え、いちずに懸命にプレーするアスリートに少なからぬ人びとが熱い視線を送った。閉幕後実施されたNHK世論調査の結果は、大会開催について「よかった」、「まあよかった」との答えが六割を超えたと伝えていた[1]。こうした成果と評価を踏まえれば、政府や大会組織委員会など開催に直接関わった当事者はもとより、これまでサッカー・ワールドカップなどスポーツ・メガイベント開催時にかならず姿を現してきたにわかファンのように「日本ってすごい！」と無邪気に騒ぎたがる日和見ナショナリストが、大会の「その後」の気分に酔いしれ、どこかしらいい気持ちに浸りたくなったとしても自然ではないだろうか。けれど不思議なことに、かならずしもそうはならなかったのだ。

大会期間の終盤あたりから「多様性と調和」という大会ビジョンが、競技に関わる選手や関係者にまつわるエピソードとしてメディアで盛んに取り上げられ、また開催に尽力した人びとや世間への感謝を口にするメダリストたちの謙虚で殊勝な言葉が繰り返し伝えられた。オリンピックという四年に一度の特別な舞台で懸命に競技することで観る者に感動と共感を引き起こすアスリートの姿が、日本／ＪＡＰＡＮの活躍とともに日々報じられたのである。そうしたメディア表象のお陰で、それまで菅首相や橋本会長が繰り返し唱えていたもののどこか虚しく響いていた「スポーツの力」の中身が、いくらか具体的に感じられたことだろう。だが、だからと言って閉幕後「やってよかったね！」との雰囲気が人びとのあいだに一気に広まったわけではない。では、無事に大会が終えられたことを、世間と世論はどのように受けとめたのだろうか。それを一言で表すとすれば、以下のような印象が適切だろう。いわく、祝祭が終焉を迎えるとともに、東京２０２０オリンピックという話題自体があまりにあっけなく過ぎ去っていった、と。

当時東京での新型コロナウイルスの感染状況が深刻さをきわめていた点を踏まえれば、人びとの関心が「祝祭」から「日常」へと戻っていたことは至極当然かもしれない。だがそこに、なにかしら不気味なものを禁じえない。あれほどメディアと識者によって「世論を二分する」とか「社会が分断されている」と騒がれた情勢は、閉幕後どう推移したのだろうか。一時期多数派を占めた「反対・再延期」を主張するSNSでの声は、いったいどこへ消えたのだろうか。今あらためて当時の様子を思い起こすと、あたかも祭の幕切れとともに、それを語る言葉も雲散霧消してしまったとの印象がまざまざとよみがえる。

話題／ネタのゆくえ

いくつかのデータに基づきながら、東京大会の「その後」のあっけなさについて考えてみたい。図4-1は、Google Trend機能を用いて東京オリンピック前後一ヶ月を含む期間（二〇二一・六・二三—九・二三）における「トレンド」（Googleでの検索数の推移）を示したものである。実線で示したのが「東京2020オリンピック」、点線が「緊急事態宣言」、そして比較対象とした細線が「お盆」である。開幕をおよそ一〇日後に控えた七月一二日、東京に四回目の緊急事態宣言が発令された。それを受けて破線は一気に上がる。だが、その後、その値は低下していく。それと入れ替わるかのように実線の値が一気に上昇するが、言うまでもなくこれは二三日のオリンピック開幕を受けての動きである。だが、開催期間なかばあたりからふたたび破線の値が急上昇し、他方で実線は急降下。この背景には、七月後半からの東京での感染者数急拡大（二六日に一四四九人だった感染者数は三一日には四一四三人を記録した）が見て取れる。その後、実線の値は終息し、破線は感染状況の推

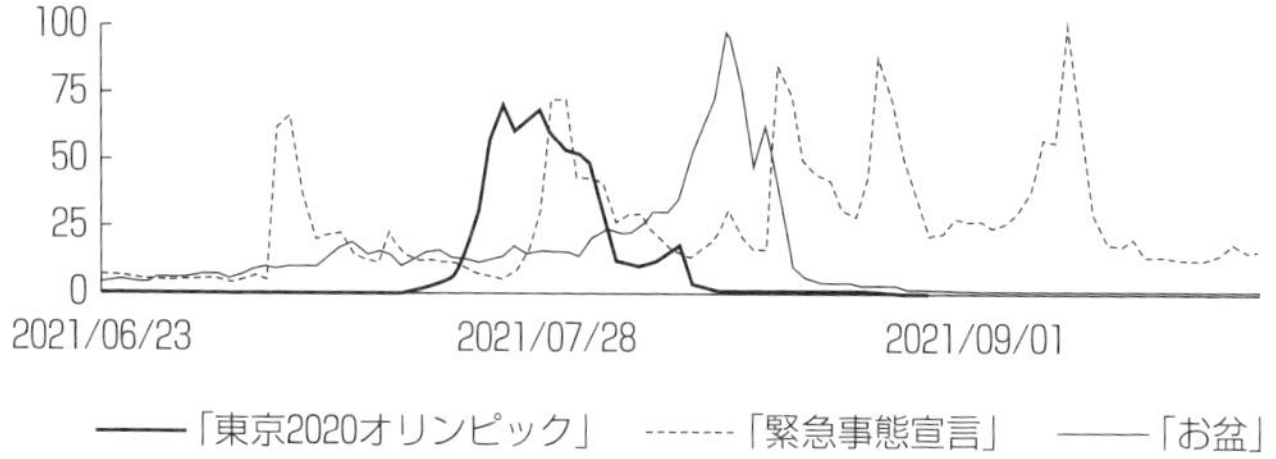

図4－1　3つの語のトレンド推移

出典：Google Trend.

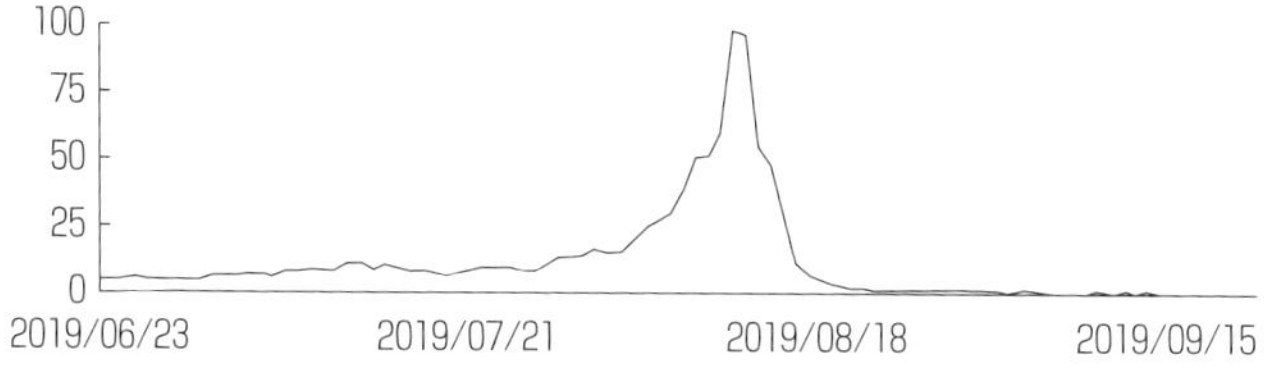

図4－2　2019年の「お盆」のトレンド推移

出典：Google Trend.

移を反映するかのように昇降を繰り返した。興味深いことに比較対象とした「お盆」のトレンド状況は、コロナ禍に見舞われる以前の二〇一九年の同期間の推移とほぼ同じだった（図4－2）。オリンピックとコロナ禍という祝祭／危機のただ中に置かれていようとも、年中行事であるお盆の帰省について思いをめぐらすという、日常をしたたかに生きる市井の姿がそこに垣間見える。

次に新聞での東京大会関連記事数の推移について検討する。朝日新聞社の記事データベース「聞蔵Ⅱ」を用いて記事を収集したうえで、二〇二一年開催の東京大会、前回一六年のリオデジャネイロ大会、その前の一二年のロンドン大会について、開催前一ヶ月の期間の記事総数を基準値として、閉幕後一ヶ月の期間、さらにその後一ヶ月の期間について記事数の推移をパー

表４−１　開催前１ヶ月の記事総数と比較した記事数の推移

	東京2020	リオ2016	ロンドン2012
終了から１ヶ月	54%	97%	106%
その後１ヶ月	27%	45%	45%

出典：朝日新聞社データベース「聞蔵Ⅱ」より筆者作成.

リオ・オリンピック凱旋パレードを歓呼して迎える観衆。銀座の目抜き通りで行われた華やかな行進は四年後の東京大会でのさらなる感動を約束するものでもあった。
筆者撮影

セントで示したのが表４−１である。(2)

ここから分かるのは、過去二回の夏季オリンピックでの記事数の推移と比較して、東京大会をめぐる新聞報道の特徴として、開催前と比較して開催後の記事数減少の度合いが著しく大きい点である。リオ大会、ロンドン大会の際には大会前後一ヶ月の期間で記事数にそれほど変化がない（九七％／一〇六％）のに対して、東京大会では一気に半減している（五四％）。二ヶ月後の状況についても、前二大会では開催前一ヶ月間のおよそ半分に減っている（ともに四五％）のに対して、東京大会では二七％と約四分の一まで激減した。このことから、リオ大会・ロンドン大会のときと比較して東京大会では、開催前と比べて閉幕後に報道量が一気に減ったことが確認できる。新聞での関連記事数の推移からも、開催是非をめぐり世論や社会の分断が叫ばれる中であれほど取りざたされた東京２０２０オリンピックという話題が、閉幕後一気に終息していった様子がある程度確認できた。

こうした世間と世論の動静は、ある意味とても奇妙なものだった。開催前あれほど逆風が強まっていた中での開催であったことを思い起こせば、なにはともあれ無事閉幕にこぎつけ史上最多のメダル獲得数を記録した大会をめぐって、推進・賛成派から「やっぱりやって良かったよね！」との自画自賛や、開催直前まで力を得ていた反対世論に対する「そら見たことか！」との意趣返しがもっと示されてもおかしくなかった。だが、そうはならなかったのである。

主催者たちの言葉

当然のごとく大会推進の中枢を担ってきた者たちからは、閉幕を迎えて大会を祝する言葉が聞かれた。例えば菅首相は、自らのツイッターに「新型コロナの中で開催が一年延期され、かつてないさまざまな制約の下での大会となりましたが、開催国として責任を果たし、パリ大会へと無事にバトンをつなぐことができました。国民の皆様のご理解とご協力の賜物であり、心より感謝申し上げます」と記したうえで、ビデオメッセージを添え、以下のように選手と関係者に呼びかけた(3)。

選手の皆さんの活躍により、すばらしい大会になった。快挙を成し遂げた選手、あと一歩届かず悔し涙を流した選手、すべての選手に大きな拍手を送りたい。そして、夢や希望、感動を、子どもや若者、世界の人々に届けてくれたことは、何物にもかえがたい未来への財産になったと思います。感染対策について海外からは厳しすぎるとの声もありましたが、日本だからできたと評価する声も聞かれました。大会関係者、医療関係者、ボランティアの方々、ご協力をいただいた全ての皆様に心から感謝を申し上げます。ありがとうございました。

いかにも演じていると受けとめられそうな低姿勢の態度と声色から伝わってくるのは、あまりにとおり一遍なアスリートの称賛と、外国から文句を言われながらも感染症対策をなんとかこなし、次回大会都市パリへとつつがなく繋げたことへの安堵感だけである。そこにコロナ禍という未曽有の危機のもとで頑な姿勢で押し通したイベントについて積極的な意義を語る言葉は、残念ながら微塵も感じられない。要するに「ほっとしました、ありがとう」のほかはなにも伝わらないメッセージ映像である。

橋本会長は、パラリンピック終了後の記者会見で大会を振り返り「コロナによって分断された世界だからこそ、スポーツの力で世界を一つにするという大会の価値と開催の意義を多くの方に理解してもらえたのではないか」と成果を語った[4]。また「開幕直前まで大会開催に反対する声があった」と当時の世論に触れたうえで、「コロナによって分断された世界だからこそ、スポーツの力で世界を一つにするという大会の価値と開催の意義を多くの方に理解してもらえたのではないか」と自負した。さらに「社会や地域が融合しなければ、この大会はオールジャパンでできなかったと思う。日本が大会を開催する力を持っている国なんだということを世界に発信することができた」と回顧し、国際社会にＪＡＰＡＮの価値を示せたことに自信をのぞかせた。だが同時に「大会が成功したかどうかは歴史が証明してくれる」と現時点での評価を留保したうえで、「あのとき東京大会をやってよかったと言ってもらえるようにレガシーを引き継ぎどのように活動していくかが大事だ」と今後に残された課題に触れた。

森前会長の突然の辞任を受けて開催数ヶ月前に要職を引き継いだ橋本の言葉からは、さまざまな困難を乗り越え無事大会を終えたことへの安堵感と、それをやり遂げたとの矜持が感じられる。だが、そこで唱えられた意義は、開催前から発せられ開閉会式の場でも繰り返された「スポーツ／アスリートの力」というお馴染みのスローガンの域を出るものではない。具体的にどのようにして、なにを目指して「世界を一つに」できたのか。それはどのような点で、コロナ禍という未曽有の危機のもとで、さまざまな犠牲を払ってまで敢行すべき価値あるメガイベントだったのか。そうした本質的な問いに、橋本の言葉はなにも答えてくれない。だからこそ、本人自身も「成功したかどうかは歴史が証明」と唐突に政治家然とした態度を示し、あえて自己評価を避けたのだろう。菅首相のあまりに空疎な言葉に比べればいくらかマシに聞こえてしまう橋本の大会総括も、危機の最中で強行された祝祭の意義をなんら説得的に語っていなかった。大会を振り返る主催者たちの言葉からは安堵感が伝わってくるばかりで、東京2020オリンピックに託された具体的な理念と価値を力強く語ろうとする姿勢も覚悟も感じ取れなかった。

新国立競技場の建設にともない「仮置場」へと移動された野宿者たちの生活品。多くの人びとが世界の祭典にどこかで憑かれていた裏側で、一方的に生活を奪われる人たちがいた。
筆者撮影

「憑き物」としての東京大会

ここでひとつの妄想が思い浮かぶ。もしかすると、ある時点から東京2020オリンピックは賛成派／容認派／批判派／無関心派を問わずだれにとっても、なにか「憑き物」のような存在になっていたのではないだろうか。当時、オリンピックを迎え入れる東京の市井の人びとの言葉が絶妙に示唆していたように、コロナ禍のもとでオリンピックという世紀のイベントを開催しなければならないことが、楽しみと不安がない交ぜとなった「もやもやとした気分」を生み出す要因となっていた。それは独特の空気を世間一般に醸し出していたように思い返される。〈わたしたち〉にとって東京オリンピックという事象／存在それ自体が、つねに心のどこかかに引っかかり、なんとなく憂鬱な気持ちを引き起こす土壌として、人びとのあいだに広く沁み渡っていった。それは文字どおりなにものかが取り憑く、つまり自らに乗り移り着いて離れなくような状態だったのではないだろうか。それは大会をめぐる関心↕無関心、賛成↕反対、開催↕中止といった分かりやすい表面上での立場の違いや対立に通底するより深層の次元で生じた、危機の最中で強行された異様な祭典との独特な関わり方であったと思われる。だからこそ、なにはともあれ祝祭が終わりを告げたとき、人びとのあいだで憑き物が落ちたような不可思議な気分が訪れたのだろう。つまり、たとえ一瞬であれそれまでのもやもやとしたわだかまりがまるで嘘のように雲散霧消し、オリンピックという「憑き物」がすっかり己から離れていった。そうした憑き物落ちこそが、大会の「その後」におけるメディアと世論の不思議なまでの寡黙さの理由だったように思えて仕方がない。

漫画家・コラムニストの能町みね子は『週刊朝日』への寄稿で、こうした当時の空気を絶妙に捉えている。(5) 自ら「私は興味がないから見なかったし、オリンピックの内容については特に言うことはない」と企画趣旨を突き放すように宣言したうえで、大会をふり返って「世の中は思ったよりは冷静だった」ことに驚きを隠さない。当初彼女は「国民はオリンピックに夢中になり、すべての不祥事を忘れ、そのまま勢いに乗って「オリンピックでぶちあがって支持率上昇！　コロナも解消！　選挙で圧勝！　ウエーイ！」ってなことになるんだろう」と菅政権の思惑通りに物事が進むことを危惧していた。だが、開催期間中にそれなりの盛り上がりは見られたものの「ほとんどの人は「とはいえ、コロナが大変だし……」とやましさのようなものを胸に秘めて心から楽しむわけにもいかなかったように見え、オリンピック終了とともに、お祭のような空気が思った以上に一気に消えた感がある」と閉幕後の情勢を評した。そんな変化を目の当たりにして、そもそも東京大会に関心も興味も抱かない能町は「まさにパラレルワールド。一体何だったんだろうか、とにかく虚しい」と斬って捨てる。能町が指摘する「やましさのようなものを胸に秘めて」との心情は、ここで見てきた「もやもやとした気分」にほかならない。そしてより重要なのは「お祭りのような空気が思った以上に一気に消えた」と能町を意外に感じさせた背景に、お祭りを推し進める側と楽しむ側双方がともに、実のところ自主的かつ主体的に関わっていたわけではなく、むしろそれに取り憑かれていたという事実が透けて見えることである。さらに言えば、能町本人は招致決定時点から「日本でやることかね」と懐疑的だったようなので当てはまらないだろうが、開催前までSNSを駆使して声高に「反対」を唱えていたネットユーザーの中には、危機／祝祭としての東京大会にさしたる自覚もないまま取り憑かれていた者も少なくなかっただろう。だからこそ、閉幕後「開催してよかった」との安堵の世論が半数を超えた一方で、主催者たちが最後まで大会意義を明確に語らなかったにもかかわらず、それに対して「反対」の声が響きわたることはついぞなかったのだ。

グローバルな「金持ち」

ここまで憑き物という視座のもとで、危機の中で成し遂げられた祝祭の「その後」について考えてきた。閉幕後の社会の動向を憑き物落ちとして理解しようとする発想は、さしたる根拠もない妄想にすぎないかもしれない。だが、事典を紐解くと憑き物持ちの家と「縁を結ぶとその家も憑き物持ちとなる」とある（『日本大百科全書ニッポニカ』小学館）。この一文などまるで、ＩＯＣ／オリンピックという魔物との永きにわたる関わりを通して、とりわけ招致決定以降は一層グロテスクなかたちで変貌を遂げてきた日本でのスポーツと社会の姿を示唆するかのようで興味深い。さらに言えば「憑き物持ちの家はどこでも金持ち」だそうである。だとすれば、莫大な利権と富を呼び込むグローバルビジネスと化したスポーツの祭典を招致し開催を目指してきた道行きで、きっと〈わたしたち〉は知らぬ間にしっかり憑かれていたのであろう。

残念ながらこの厄介な憑き物は、今回を最後に立ち去るわけではなさそうだ。アスリートたちが口にした感謝の言葉、スポーツがもたらす多様性を気安く言祝ぐメディア報道、国民に向けて理解と協力への感謝を欺瞞に満ちた低姿勢で唱える政治家たちの発言がすでに予兆するように、コロナ禍という未曽有の危機のもとでも挫けることなく敢行された人びとの記憶に残る大会として、東京２０２０オリンピックの意義はこれから語り継がれていくだろう。当然のごとく、一年の延期開催にいたるまでの数々の不祥事や直前まで続いた喧騒がそこに書き込まれることはないだろう。オリンピックの歴史的偉業として上書きされるレガシーは、気持ちよい事実だけを都合よく積み重ねた代物になりがちだからだ。(6)記者会見の最後で橋本が口にした「レガシーを引き継ぎどのように活動していくかが大事」との言葉は、そうした語りと記憶をさらに作り上げていくことへのあくなき意思表明と受けとめるべきだろう。粉飾した自画像を恥ずかしげもなく描けてしまう国と国民は、いとも容易にふたたび魔物に取り憑かれるに違いない。実際、会見の場で札幌市が二〇三〇年冬季大会招致を目指していることを問われた橋本は「組織委員会の会長就任の依頼があればぜひ受けさせていただきたい」と意欲を示した。(7)その理由を聞かれて「今度は完全な形で、観客もフルスタジアムの形で、国民の笑顔があふれる大会を目指してやってみたい気持ちがある。今回いい経験をさせてもらったので、次の時代に残るように、生かしていかなければならない」と答えたという。北海道出身の稀代のオリンピアン／メダリストである彼女は、もうすでにしっかりと次なる魔物に取り憑かれているようだ。だが橋本ひとりだけでなく、メディア・スペクタクルと化したスポーツに関わり、そこに魅せられ、それを楽しむ〈わたしたち〉にとって、この憑き物を免れることは思いのほか難しいのかもしれない。なぜなら相手はグローバルな「金持ち」なのだから。

現代の世知辛い世界を生きていくうえで、不本意ながらなにかに巻き込まれるのは避け難いことかもしれない。だがどうせ憑かれるならば、嘘くさい建前と銭金だけに終始する見下げはてた分かりやすい魔物などでなく、だれも見たこともないような夢の世界をユートピアとして約束してくれると同時に、どこかしら底知れぬ畏怖を禁じ得ない禍々しい魑魅魍魎《ちみもうりょう》にでも取り憑かれたい。そんな妄想を膨らませるのは、物好きな筆者だけだろうか。

注

（1）ＮＨＫ世論調査（二〇二一年八月）https://www.nhk.or.jp/senkyo/shijiritsu/archive/2021_08.html（二〇二二年一〇月一〇日閲覧）。

（2）新聞記事データベースを用いた記事収集・分析の方法は以下の通り。大会ごとに開始一ヶ月前、終了一ヶ月間、その後の一ヶ月間を対象期間として「〇〇オリンピック ｏｒ 〇〇五輪」をキーワード設定して検索を行い、該当記事数を調べた。そのうえで開始一ヶ月前の数値を基準（一〇〇）として、その後の増減をパーセントで記した。

（3）首相官邸　https://twitter.com/kantei/status/1424532874657554440（二〇二二年一〇月一〇日閲覧）。

（4）ＮＨＫ　ＮＥＷＳ　ＷＥＢ（二〇二一年九月六日）https://www3.nhk.or.jp/news/html/20210906/k10013246231000.html（二〇二二年一〇月一〇日閲覧）。

（5）『週刊朝日』（二一年九月三日付）「コロナ禍の２０２０東京五輪　賛否両論八人の視点　オピニオンワイド」

（6）東京２０２０オリンピックの公式映画は河瀬直美を監督として『東京２０２０オリンピックＳＩＤＥ：Ａ』と『東京２０２０オリンピックＳＩＤＥ：Ｂ』の二部構成で製作された。河瀬は「前代未聞の状況で開催された大会をしっかりと記録して、この映画を一〇〇年後の人類に届けることが一番のコンセプトでした」と映画パンフレットに収録されたインタビューの中で自らの制作意図を語っている。たしかに映画には組織委員会会長辞任や開催反対のデモが記されている。だが、これまでの河瀬作品同様に個人の生き様に照準した手法と独自の映像表現を通して描き出される「東京２０２０オリンピック」の姿は、あらかじめ予想／期待された内容を出ることがないと判断される。結局のところ「公式記録」は、ここで指摘した記録の上書き＝レガシー創りになにかしらのかたちで加担せざるを得ないように思われる。

（7）ＮＨＫ　ＮＥＷＳ　ＷＥＢ（二〇二一年九月六日）https://www3.nhk.or.jp/news/html/20210906/k10013246231000.html（二〇二二年一〇月一〇日閲覧）。

開会式が行われている最中に新国立競技場の周辺に集まった大勢の人びと。無観客実施のため会場内に入れないにもかかわらず、開催期間中は競技会場周辺に群衆が集う現象が見られた。
©時事

第５章

世論の背景――「もやもや感」の記号論

これまでの議論を通して、開催延期決定後・大会期間中・閉幕後それぞれの時点での日本社会の情勢を踏まえながら、東京2020オリンピックを受けとめてきた〈わたしたち〉の姿を論じた。そこから浮かび上がるのは「賛成か反対か」という単純な二項対立では十分に捉えきれないほどに多層的で、ときに矛盾を含んだ人びととオリンピックの複雑な関係である。ここまで各章で示した時系列的視点からの記述を踏まえ、以下ではその複雑な関係性を図式化することで〈わたしたち〉が東京2020オリンピックとどのように関わってきたのかを、より俯瞰的な視座から明らかにする。そうした分析を加えることの理由は、以下の通りである。第一に、ここまでの章で取り上げた東京2020オリンピックをめぐるさまざまな事例・事件・現象の深層を問うことに意味があると考えるからである。つまり、可視化された話題として分かりやすい表層次元での諸現象の評論にとどまることなく、それ自体を規定している深層の社会構造を明らかにすることを試みる。第二に、そうした深層の構造を問うことで、特定の時点で前景化していたさまざまな現象に通底／共通する要素を浮かび上がらせることが期待される。つまり、次から次へと湧き上がった不祥事やスキャンダルには関連と連続性があるはずであり、そうした東京2020オリンピックに関する情勢を根底で規定していた要因を分析することが求められる。それはレイモンド・ウィリアムズに倣って言えば、東京2020オリンピックをめぐる「感情の構造」(structure of feeling)(1)に迫ろうとする試みにほかならない。最後に、そうした深層の構造次元で東京2020オリンピックと〈わたしたち〉との関わりを解明し、そこに作用している権力関係と力動性を明らかにできれば、今後の社会変化の可能性を探ることにつながると期待される。

このように表層にとどまらない深層での構造を理解することを目指した分析を加えることで、東京２０２０オリンピックを終えたこの社会のどこに／どのような可能性が潜んでいるのかを探求する手がかりが得られるはずだ。

以上のように俯瞰的分析を試みる理由を説明したうえで、その課題に取り組むうえで援用するのは、マルクス主義の立場から文学批評を繰り広げてきたフレドリック・ジェイムソンが『未来の考古学』で用いている「記号論的四角形」（semiotic square）である。[2] そもそもこの概念図式は、フランスの記号論学者アルジルダス・ジュリアン・グレマスが考案したものである。ジェイムソンは意味の深層構造を解明するグレマスの図式を高く評価しつつ、それを独自なかたちで展開して『未来の考古学』ではユートピアを主題にＳＦ作品群を縦横無尽に論じている。ここではジェイムソンの文学批評の方法に触発されつつ、東京２０２０オリンピックをめぐる一連の出来事を「社会的なテクスト」と位置づけたうえで、そこで生み出されていた多元的で多様な意味の位相と相互の布置関係を図式化することを試みる。

ジェイムソンが用いるグレマスの四角形の簡潔な説明は、以下の通りである（図５−１）[3]。*S1*と*S2*との関係は相反（contrary）である。例えば、白↔黒、真実↔虚偽といった二項対立関係がそれに当たる。それに対して、*S1*と$\overline{S1}$との関係は矛盾（contradictory）である。先の例で言えば、白↔白でない、真実↔真実でない、となる（*S2*と$\overline{S2}$に関しても同様）。このようにして*S1*、*S2*、$\overline{S1}$、$\overline{S2}$を四点とする四角形が作り上げられる。これがグレマスの四角形（記号論的四角形）である。この図で示したＳは、*S1*と*S2*それぞれの項を統合する（synthetic）位置にある「複合項」（complex term）であり、$\overline{S}$は$\overline{S1}$と$\overline{S2}$をともに組み合わせた（assembled）

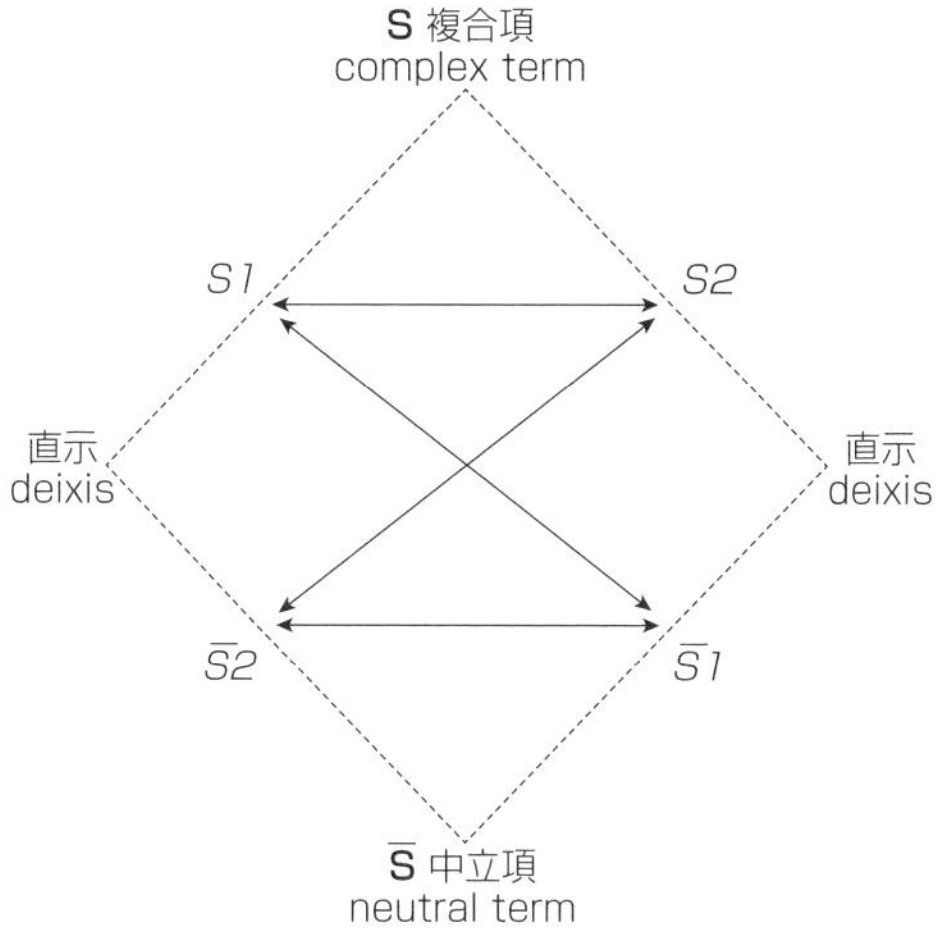

図5－1　グレマスの四角形

位置にある「中立項」(neutral term) だと定義される。[4]

先に指摘したようにジェイムソンはこのグレマスの四角形をさらに展開し、*S1*と$\overline{S2}$、*S2*と$\overline{S1}$それぞれの包含関係である左右の直示(deixis)とS、$\overline{S}$からなる第二の四角形(図の点線部分)を提示し、それによって描き出される関係性を文学作品におけるキャラクター分析に援用している。[5] ここで示される直示とは、*S1*と$\overline{S2}$、*S2*と$\overline{S1}$それぞれの組み合わせとされる。[6] 以下の議論では、ジェイムソンによって示された第二の四角形に準拠した意味の深層構造分析を参考にしつつ、これまで論じてきた〈わたしたち〉と東京2020オリンピックの関係に分析を加える。具体的には、ここまでの議論から浮かび上がる東京2020オリンピックをめぐるいくつかの相反軸(*S1*↔*S2*)を明示したうえで、それをグレマスの四角形として構成する。そのうえで、ジェイムソンが提示した第二の四角形を援用して東京大会をめぐるさまざまな立場や動きを図式化することで、それぞれの相反や対立をめぐりどのような関係が生み出されていたのかを明らかにする。

ここで検討する具体的な相反軸は、理想↕現実、賛成↕反対、祝祭↕危機、リアル↕ヴァーチャル、開催↕成果、憑かれる↕つかむの六つである。それぞれの相反軸と分析目的について、簡単に説明しておこう。理想↕現実の軸では、〈わたしたち〉がオリンピックというメガイベントの中に「なにを見ていたのか」を分析する。スポーツと平和の祭典に関して理想と現実がどのように受けとめられ、それらの組み合わせのもとで東京大会を迎え入れる際にどのようなオリンピック像が認識されていたかを探る。賛成↕反対の軸は、世論調査の結果として示されてきたオリンピック開催への賛成／反対において「なにが問われて」いたかを問い直し、その深層に迫る。一年延期決定後に目まぐるしく変化していった世論の背景を明らかにする。祝祭↕危機の軸は開催を間近に控えコロナ禍の状況が深刻化するもとで、一方で祝祭（スポーツと平和の祭典）として、他方で危機（コロナウイルス感染症の流行を悪化させる要因）として受けとめられていたオリンピックに対して「なにを優先して」いたかを振り返る。危機と祝祭が同時に進行する異様な状況のもとで、東京大会に対して〈わたしたち〉がどのように態度と立場を示したかを分析する。リアル↕ヴァーチャルの軸は東京大会を「どこで体験して」いたかを検討する。そこから見えてくるのは前代未聞の無観客での開催となった東京大会を前にして、リアルとヴァーチャルの複雑な絡み合いの中でそれと遭遇していた〈わたしたち〉の姿である。開催↕成果の軸は、強行開催された東京大会の結果について「なにを評価して」いたかを明らかにする。一方で困難に負けず開催を遂げたことが強調され、他方で日本代表が史上最高の成績を収めたことが称賛された。こうした評価対象の違いを通して見えてくるのは、これまでのオリンピックでも繰り返されたオリンピックとナショナリズムの密接な結びつきと同時に、今回の東京大会に特有のオリンピックの意味づけられ方である。憑かれる↕つかむの軸では、世紀のメガイベントの招致から閉幕までの期間において「だれ／なにが主人」だったのかを振りかえる。はたして〈わたしたち〉は、どれほど主体／能動的にそれに携わってきたのだろうか。東京大会との関わりの深層構造を探ることで、その時々の社会情勢ならびに周りの者たちの意見や立場を敏感に感じ／考えながら、互いに同調し合うように〈わたしたち〉を強いてきたメカニズムが浮かび上がる。

以上に概略を述べた六つの相反軸を用いて、以下での議論を進めていく。それぞれの相反軸とそれが構成する記号論的四角形が映し出す具体的な社会事象は、きわめて多様な位相に属している。例えば、賛成↕反対は開催に対する個人の意見や立場を軸として四角形を構成するが、理想↕現実が照準するのはより集合的な次元でオリンピックというイベントがどのように認識されていたかであり、それぞれの位相は大きく異なる。だが、相反軸ごとに位相の異なる社会事象を分析対象とした理由は、先に述べたようにグレマスの記号論的四角形を用いることで、多元的な位相で多様なかたちで繰り広げられた〈わたしたち〉と東京２０２０オリンピックとの実際の関わりが生み出していた深層での意味構造を明らかにしたいからである。つまり、ここで記号論的四角形を用いるのは、それを道具・分析手段として援用することで表層での現象次元に対する評論では見えてこない深層での構造とダイナミズムに迫るためである。つまり、なにかしらの「発見」や「可視化」を得ることを目指すのであって、論理図式自体の妥当性や厳格性の検証が主眼ではない。その点をあえて断っておきたい。

なにを見ていたのか――理想↕現実の軸

オリンピックは単なるスポーツの祭典ではないと言われる。その理由と根拠は、四年に一度のメガイベントは開催目的として世界平和や国際交流の実現を高らかに謳っているからだ。つまり近代オリンピックはクーベルタン男爵による創設以来一貫して、崇高な理念を掲げた運動＝オリンピック・ムーヴメントとして取り組まれてきたのである。しかし近年では、法外に高額な放映権料をはじめとするオリンピック・ビジネスの過剰な高まりへの懸念が各方面から示されてきた。本来の目的としては世界各国から集った若人によるスポーツの祭典を通して世界平和に貢献すべきオリンピックが、実際にはグローバル企業に代表されるさまざまなビジネスでのステークホルダーが利益獲得を目論む場と化している。こうした理想と現実のギャップが、オリンピックに対する近年の認識や評価に大きな影響を及ぼしていることはあらためて言うまでもない。

東京大会をめぐる一連の騒動を通して可視化された理想と現実の緊張関係を軸として、オリンピックの受けとめられ方を考えてみよう（図5–2参照）。理想と現実の複合項に位置づけられるのが、オリンピック・ムーヴメントを通して追求されてきた大会の姿であろう。それは世界の平和と友好という理念を、現実世界の中で実現しようとする企てにほかならない。具体的には国連総会での「オリンピック休戦決議」が挙げられる。だが不思議なことに、オリンピックという祝祭／イベントがなかば無条件に「善いもの」と受けとめられがちな日本社会で、理想を具体的に現実化しようとする動きが他国と比較して活発だとは到底思えない。四年

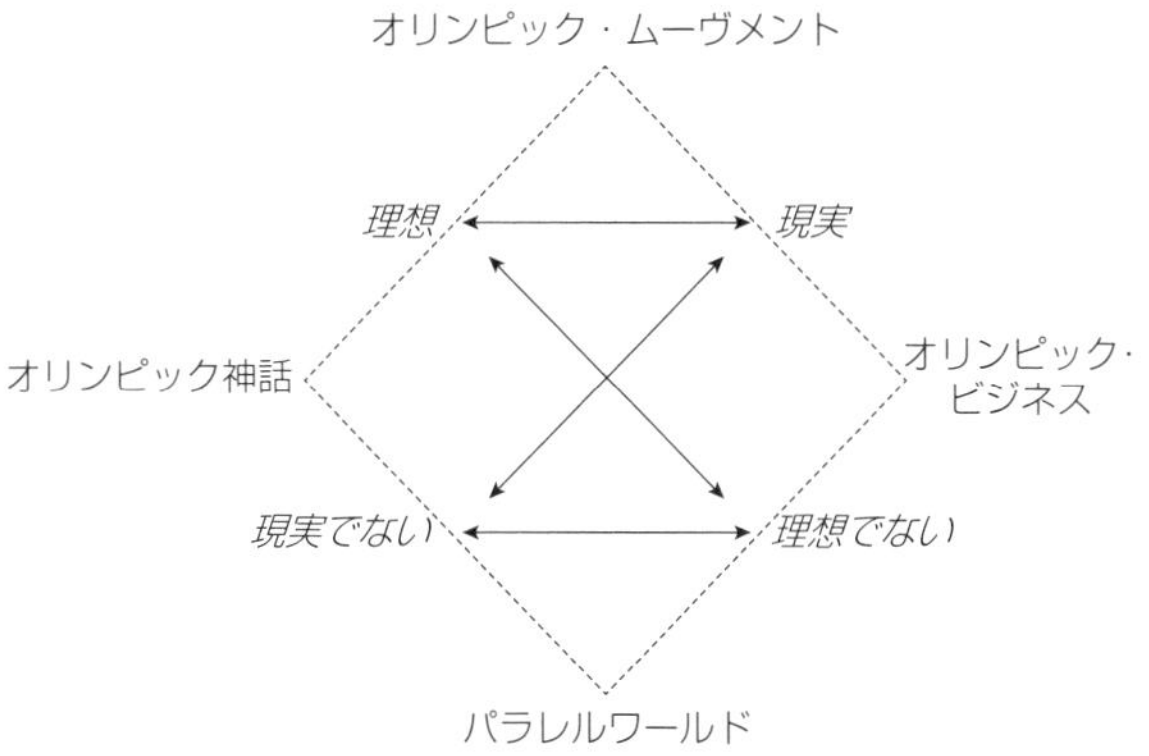

図5－2　理想↔現実

に一度の大会開催期間以外で、オリンピック・ムーヴメントの諸活動に関心を抱く人は多くないだろう。その理由と背景を、ここで注目する理想↕現実の関係をグレマスの記号論的四角形の図式に当てはめることで分析してみよう。

六四年東京大会をめぐる記憶の語られ方に典型的なように、過去のオリンピックはもっぱら現実とはかけ離れた理想として位置づけられ、繰り返し語られることで意味づけられる。だからこそ、過去の栄光の歴史はきわめて恣意的に上書きされうるのだ。東京2020オリンピックへと至る過程で参照すべき過去の栄光として位置づけられた「六四年の東京オリンピック」の〈わたしたち〉による受けとめ方は、そうした傾向を典型的に示していた(7)。六四年大会をめぐり歴史としての現実よりもイメージとしての理想が日本社会に広く分かち持たれたことで、これまでの「オリンピック神話」があらためて再生産されたのである。

他方、二〇二〇年大会の東京招致を目指す段階で経済効果が喧伝されたように、多くの関係者にとってオリンピックは崇高

湾岸の晴海地区に新設された選手村は、招致申請当初からオリンピックのレガシーとなるべく大会後は高級マンションとして売り出されることが決定していた。
筆者撮影

な理想ではなく、むしろ恰好のビジネスチャンスとして受けとめられてきた。大会の開催を金儲けや都市開発といったかならずしも「理想でない」目的を達成するための手段とみなすある種の現実主義のもとで、オリンピックの招致と開催が目指されていたのは明らかだ。そこに見て取れたのは、露骨なまでのオリンピック・ビジネスにほかならない。例えば、選手村の建設が当初から民間企業に託され、大会後に高級マンション(HARUMI FLAG)として売り出されることが招致申請段階から決められていたことは、そうしたオリンピック・ビジネスの典型例だろう。

　このオリンピックをめぐる神話とビジネスは容易に両立しうる。二〇年大会の東京招致が決定して以降、圧倒的多数の人びとがなかば無条件にオリンピック開催を喜ばしき出来事と受けとめ、それに関わり、そこに蠢《うごめ》くさまざまなビジネスの動向を無批判に受けて入れたきた。その事実を振り返れば、神話とビジネスの結びつきの深さを実感できるだろう。まことしやかなシミュレーションを根拠として「オリンピックの経済効果」が各方面で喧伝され、その空約束まがいの金額に多くの人たちが淡い期待を寄せてきた。そこに自らも与かれると〈わたしたち〉は信じたからこそ、不確かであやふやな数字をあえて問いただそうとはしなかったのだ。このように神話とビジネスが並存する状況のもとで開催が目指された東京大会は、コロナ禍での一年延期を経て二一年七月に緊急事態宣言のもと無観客での開催を迎えた。この異例の状況下で開催されたオリンピックをIOC委員のひとりは「パラレルワールド」だと形容した。大会が安全であることを豪語する目的で発した言葉が、当時の社会状況のもとでより多元的な意味と解釈を生み出したことは第3章で論じたとおりである。今の時点から振り返るとき、主催者側の強弁のために使われた「パラレルワールド」との表現は、多くの人にとって眼前に広がるコロナ禍という厳しい現実とはかけ離れた世界であるが、同時にそこに本来あるべき崇高な理念も感じられないという、いわく形容しがたい東京大会の実像を巧みに捉えていたと思われる。それは現実でなく／理想でないという意味で、まさに多元的なパラレルワールドのひとつとしてのオリンピックだった。そのことを写し鏡として、当時〈わたしたち〉が強いられていた不可思議な日常の姿が図らずも浮かび上がったのである。

なにが問われていたのか――賛成↕反対の軸

当初の開催年である二〇年を迎えた時点で、東京大会への支持は八割を超えていた。だが、その内実は大会を熱烈に歓迎し、世紀のイベントに熱狂する国民の姿とは程遠いものだった。その様子を一言で表すとすれば「なんとなく賛成」が適切だろう。グレマスの四角形に照らして東京大会をめぐる賛成↕反対の関係を見ていこう（図5−3参照）。

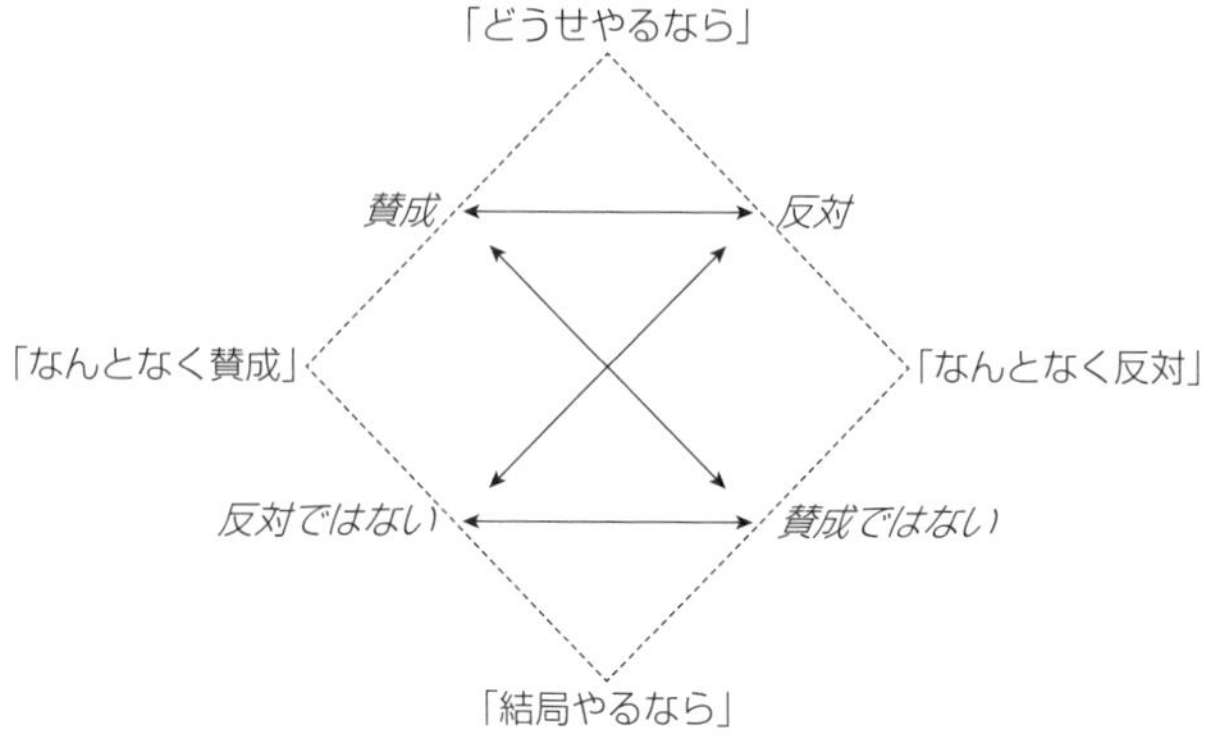

図５－３　賛成↔反対

世論の主流をなしていた「なんとなく賛成」は、「賛成」と「反対ではない」との包摂関係のもとで成り立っていたと理解される。明確な根拠のもとで積極的に反対する理由はないので、結果として賛成する。八割に上る国民の支持は、そうした心情と立場に支えられていたと判断される。

東京招致に対してなにかしら疑問や懸念を抱いていた者たちは、これまでスポーツ関係者や学者・評論家のなかに一定数存在していた。だが招致決定以降、その大多数はオリンピック開催に潜む問題をある程度認識しながらも、開催が決定したからには意義ある大会の実現を目指す日和見的な立場（いわゆる「どうせやるなら派」）へと一気に流れていった。そうした動向は、グレマスの四角形で言うところの複合項に当たる「賛成でありかつ反対」という本来的に不可能でユートピア的な立場への節操なき転向とみなしうる。

コロナ禍により一年延期となった大会は、二一年を迎えて迷走の度合いを深めていった。それに呼応するかのように、厳しさを増していった感染状況のもとで大会開催をめぐる世論は大きく変化した。当時、各種世論調査の結果は六割から八割の人びとが「反対（大会の中止や再延期）」の立場であると伝えていた。だがここで注意すべきは、一気に高まった世論動静を大会への純粋な反対と理解すべきではない点である。ここで用いる記号論的四角形に即して言えば、それは「賛成ではない」と「反対」との結びつきのもとで生まれた「なんとなく反対」であったと分析される。つまり、東京大会の運営をめぐる度重なる不祥事と収束の気配すら感じられないコロナ禍の現実を前にして、世論の主流が「なんとなく賛成」から「なんとなく反対」へと推移したと理解するのが適切だろう。たしかに世論調査の集計結果として示された数字を見るかぎり、世論が賛成から反対へと一気に反転したかのように映る。しかし実際には、そうした「反転」は一次元的な賛成↕反対の軸では捉え切れないより複雑な内実を伴っていた。ここで高まりを見せた反対は、あくまで「なんとなく反対（明確・積極的に賛成する理由がないので反対）」との心情と立場に支えられていた。こうしてネット世界でＳＮＳを舞台とした意見表明の可視化によって反対機運が高まったにもかかわらず、政府や大会組織委員会は「開催ありき」との方針を最後まで堅持した。結果として反対世論は、大会のあり方に実質的な影響を与えることがなかったのだ。その要因のひとつは、それがあくまで「なんとなく」の域を出なかったからだと分析される。

大会組織委員会は開催間際になって「無観客での開催」を正式決定した。それを受けて反対意見は一時期の勢いを失っていった。おそらくその変化は、以前の「なんとなく賛成」への単純な揺り戻しではなかった。むしろ、そこに見て取れたのは「賛成ではない」が同時に「反対でもない」といった、ある種の諦めにも似た心情だったことが思い起こされる。あえてそれに言葉を与えるとすれば、複合項に置かれる「どうせやるなら」と奇妙な追補関係にあるかのように思われる、中立項としての「結局やるなら」が似つかわしいであろう。その立場は開催に賛成はしない。だが同時に「無観客」という措置を提示されて、以前のように反対はしない。それゆえオリンピックが兎にも角にも開催されれば、それを受けとめたのである。

このようにグレマスの記号論的四角形を用いることで、コロナ禍前後ならびに開催前後での東京大会を取り巻く世論の変化を賛成から反対への反転として一次元的に捉えるのではなく、より多元的な位相をまたいだ移行として理解することが可能になった。

なにを優先していたのか——祝祭↕危機の軸

二一年の開催年を迎えて以降東京2020オリンピックへの世間の風当たりが強くなり、一時は反対世論が六割以上に及んだことは、これまで述べたとおりである。そうした世論動向の背景に、祭典としてのオリンピックと真っ向から対立する新型コロナウイルス感染症の世界的なパンデミックがあったことは言うまでもない。待ち焦がれた世界をあげての祝祭が突然訪れた危機によって押しつぶされてしまう。大会開催が危ぶまれる中、そうした危惧と感慨を多くの人が抱いていたに違いない。

だが、ここでも一次元的な祝祭対危機の二項対立図式のもとで当時の事態を捉えてしまうと、そこに見え隠れしていた複雑な様相を的確に理解できないだろう（図5−4参照）。結果として大会は、首都圏下に緊急事態宣言が発令されている期間に開催された。それは文字通り祝祭でありかつ危機でもある状況下でのイベン

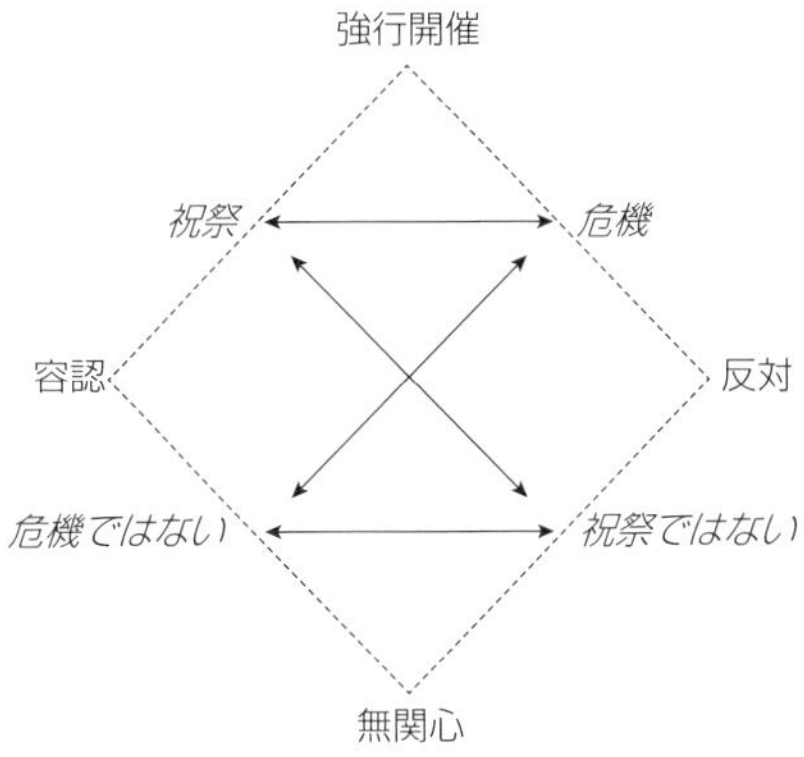

図5－4　祝祭↔危機

ト開催となった。開催直前までマスメディアとSNSを介して開催の是非をめぐりさまざまな意見が交わされていた。そうした中で「国民の半数以上が開催に反対」と評されるような世論の分断状況が形成されたのである。それにもかかわらず、政府と大会組織員会は無観客で競技を実施することで万全な対策を講じると宣言し、大会開催の方針を堅持した。そうした事態の成り行きを前にして開催時期が迫るにつれて反対世論が一時期の勢いを失っていたことは、先に第3章で述べたとおりである。ここに見て取れる事実は、たとえ危機のもとであってもオリンピック／東京大会という存在自体は祝祭として期待されていた点である。開催の是非をめぐる意見の違いがSNS上で可視化され顕在化したが、そこでもオリンピックという「スポーツと平和の祭典」自体の祝祭としての意義と価値はそれほど疑われていなかった。だからこそ、選手や関係者の宿泊と移動は外部と遮断されたバブル方式で行われ、さらに各種競技は無観客で実施するとの主催者側が示した方針を受けて、それで危機が少しでも緩和・制御されると感じることができたからこそ、人びとは強行開催を甘んじて受け入れたのだろう。

他方、オリンピック／東京大会をそもそも祝祭とは見なさず原理原則次元でオリンピック反対を訴えた一部の者たちは、コロナウイルス感染症の流行が深刻化する状況下での大会開催に対抗して、競技会場周辺や街頭で示威行為を繰り広げた。そこには「なんとなく反対」とは質と位相を異にする東京大会反対＝アンチ・オリンピックの意義と可能性がたしかに見て取れた。だが結果として、ひとたび祝祭が始まった後にそうした立場と意見が広範な支持を得ることはなかった。

このようにして危機のただ中で強引に祝祭を開くという主催者側が打って出た賭けは、少なからぬ人びとがオリンピックという祭典を信じている（オリンピック神話）かぎりにおいて、正面からの反対と対峙することを迫られず、むしろ結果として容認を引き出すことに成功した。第3章で論じたように、開催期間中のテレビや新聞の報道があたかも「いつものオリンピック」のように日本選手とチームの活躍を日々報じながら平然としていられたのは、危機を警戒したうえで祝祭を支持し開催を容認する気分が視聴者や読者のあいだに広く分かち持たれていたからだと分析される。

大会閉幕後、オリンピック／東京大会への関心そのものが一気に立ち消えていったことも、第4章で論じたとおりである。この不可思議な現象については、開催↕結果の軸と憑かれる↕つかむの軸をグレマスの四角形に援用して後ほど論じたい。ここではそうした瞬く間の忘却として示された無関心が、すでに大会が終わりもはや祝祭でなくなると、これまで繰り返し発令された緊急事態宣言のもとで人びとの危機意識が皮肉にも低下していった当時の東京／日本の日常を反映していた点のみ指摘しておく。

どこで体験していたのか――リアル↕ヴァーチャルの軸

東京オリンピックをめぐる一連の世論動向は、今では日常の一部と化したSNSの存在を抜きにして考えることはできない。その点について第1章では森会長の辞任劇を事例に論じた。一三年の招致決定以降、当初予定されていた開催年二〇年を迎えるまでの期間に、東京2020オリンピックに対して疑問や反対をあからさまに表明する立場を新聞・テレビ・出版をはじめとする大手マスメディアが積極的に取り上げたり、それに対して発言の場を十分に与えたりしてきたとは言い難い。東京2020オリンピックに対する反対の声は長きにわたり、メディア言説の世界で「少数意見」として周縁化され、その主張は実質的に排除されてきた。当時主としてマスメディアから情報を得ていれば、東京大会への反対運動や批判の声が存在する事実を知ることすら困難だったに違いない。そうしたマスメディアでの言説と対照的にSNSに代表されるネット世界では、繰り返される不祥事をはじめさまざまな事象が話題として取り上げられ、大会への異論がさかんに交わされた。そうしたネットでの活発な言論を土壌として、延期決定後の開催年である二一年を迎えると反対世論が一気に高まっていった。こうした経緯を踏まえれば、リアル（日常での対面世界）／ヴァーチャル（ネットに媒介された世界）が織りなす複雑な関係に目を向けることが、東京2020オリンピックをめぐり生じた当時のさまざまな社会の動きと現象を理解するうえで必要不可欠だろう（図5―5参照）。

コロナ禍対策として採用された無観客での開催は、リアル（実際の競技会場）とヴァーチャル（テレビやSN

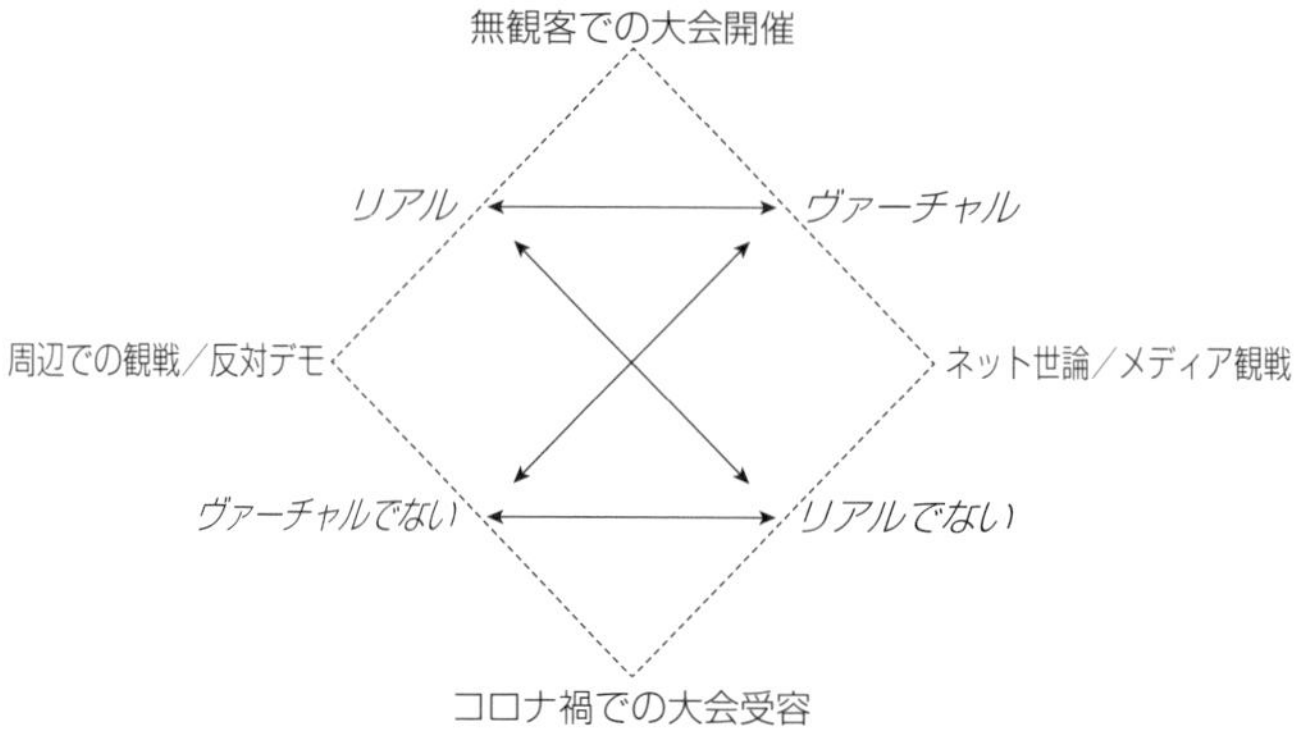

図５－５　リアル↔ヴァーチャル

Sなどを介した中継・伝達）を組み合わせることで、なんとしてでも大会開催にこぎつけようとした主催者側の苦肉の策であった。他方、無観客開催のため会場敷地内に入れないにもかかわらず、開会式をはじめ競技が繰り広げられた会場周辺に人びとが「観戦」に集まるという現象が起きた。そこに見られたのは、現場に自ら立ち会うことで世紀の祭典をヴァーチャルでないかたちでリアルに体験することを切に望んでいた〈わたしたち〉の姿である。そのようにしてリアルを求めた観衆とは開催是非をめぐる立場において真逆だった競技場周辺で反対デモを行った人びともまた、直接競技会場に出向くことでヴァーチャルでなくリアルなかたちで東京大会に関わっていた。街頭観戦派と反対運動派は一見すると真っ向から対立するが、東京２０２０オリンピックという祝祭かつ危機との関わり方においてヴァーチャルでなく／リアルを指向する点で、両者のあいだに奇妙な共通性が見て取れた。

　開催期間中も続けられた競技会場周辺でのデモ参加者が一部にかぎられていたのに対して、開催を間近に控えた段階で大きな盛り上がりを見せた反対世論を先導していたのは、主としてネットでの意見表明であった。それはヴァーチャルなネット空間でSNSを駆使し「オリンピック反対」を流行りの話題やネタのひとつとしてどこか気安く語ることで成り立っていた。たとえ、そこで問われたテーマが現実のイベント開催の是非だったとしても、それはあくまでヴァーチャルな空間／関係性のもとで繰り広げられていた。その点で同じように「反対！」を表明する心情や立場であっても、会場周辺に繰り出し意思表明するデモと「＃東京オリンピック反対」を拡散するネット・アクティヴィズムは、リアル／ヴァーチャルとの関わりの様態において大きく異なっていたと分析される。

開会式の時間に合わせて新国立競技場周辺で反対デモを繰り広げる人びと。競技会場周辺での抗議活動は大会期間中も粘り強く続けられた。
©EPA＝時事

　主催者側は無観客で競技を行い、大会を無事に終えることができた。だが第4章で論じたように、苦難のはてに成し遂げられたオリンピックに対する人びとの反応は、これまでの大会と比較してどこかしら醒めたものだった。その理由のひとつは、コロナ禍という脅威がじわじわと日々の生活に迫ってくる危機的状況のもとで強引に催された祝祭は、多くの人びとにとってどこまでもリアルでない祭り、つまり実感を伴って楽しみ喜ぶことがしづらい祭典として受けとめざるを得なかったからではないだろうか。一方でネットでの気安い話題として片付けられない切迫感を感じながらも、同時に身近なリアルさをもって受けとめることもできない。そうしたどっちつかずの曖昧さである「もやもやした気分」

を抱えながら〈わたしたち〉は、日々熱戦が繰り広げられる場にだれも観客がいないという異形のオリンピックを眺めていたのである。

なにを評価していたのか――開催↕結果の軸

緊急事態宣言下で開催された東京大会に対する評価はけっして一様ではなかった。当然のごとく主催者側は、徹底した感染症対策のもとで行われたオリンピックは開催地東京でのコロナウイルス感染症の拡大を引き起こすこともなく、世界中のアスリートが集った「スポーツと平和の祭典」として成功したと自画自賛した。各種マスメディアは、オリンピック史上最高の成果を収めた日本選手・チームの活躍を華々しく取り上げ、コロナ禍によって強いられたさまざまな制約と困難に挫けることなく見事にメダルを獲得したアスリートたちを称賛した。他方、これまで大会の問題点を指摘してきた立場は、コロナ禍での強行開催でオリンピックを取り巻く矛盾がさらに深まったと論難した。こうした東京大会への評価の違いを生み出す背景を明らかにするために、ここで開催（困難な状況のもとで大会を開催した意義）↕結果（競技成績の意義）の軸に照らして考えていく（図5–6参照）。

無事に開催を成し遂げ、なおかつメダル獲得数で日本のオリンピック史上最高の結果を残した東京2020オリンピック。それは政府・大会組織委員会関係者にとって、コロナ禍という危機に挫けずオリンピックという祝祭を滞りなく開催し、なおかつ好成績を残した点で文字通り「コロナに打ち勝つ」との自ら

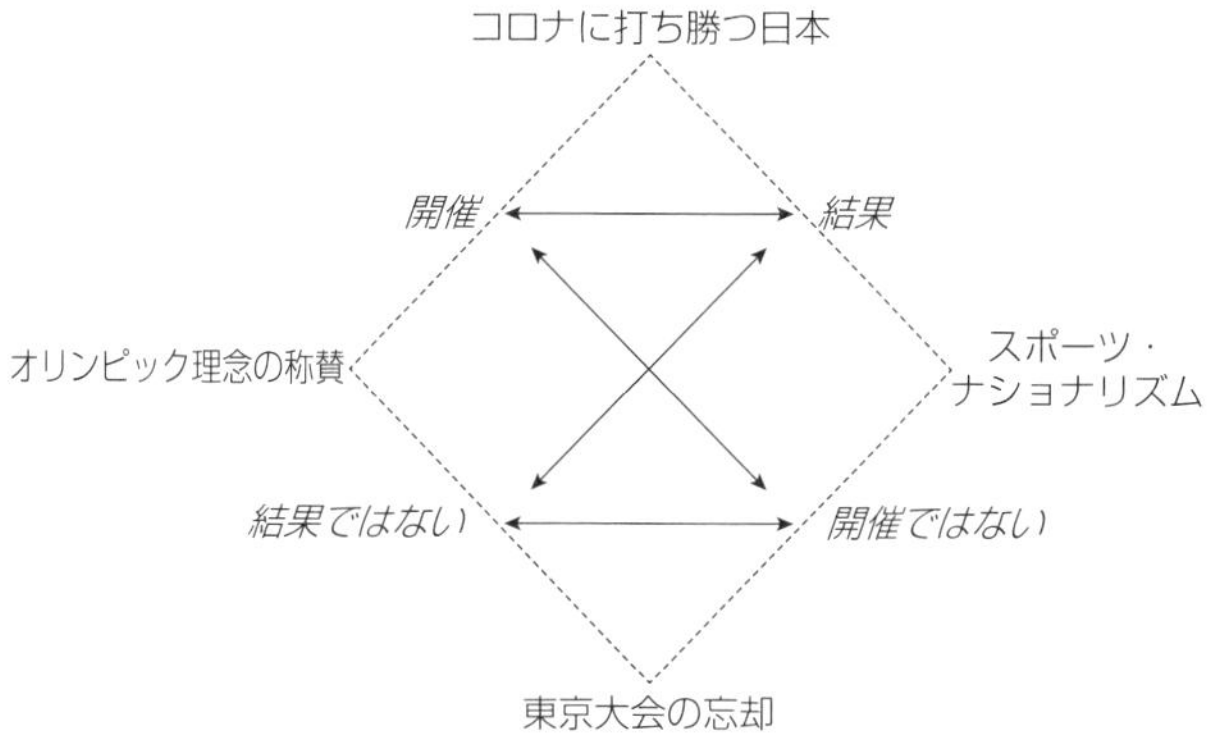

図5－6　開催↔結果

掲げた目標を果たした偉業であった。ただし、感染収束の気配すら見通せなかった閉幕直後の厳しい状況を考慮したからなのか、あからさまな自画自賛が主催者側から声高に唱えられることはなかった。おそらく本心では、一年延期が決まって以降逆風が吹き続けるという苦境のもとで無事大会をやり遂げたことに、関係者は大いに誇りを感じていたに違いない。

他方、マスメディアでの東京大会の伝えられ方の特徴は、日本選手やチームの活躍に一喜一憂する「いつもどおりのオリンピック報道」が平然と繰り広げられたことである。これまで同様、世界中のアスリートが集い互いにその技を競い合うオリンピックという祭典が開催されることを前提としたうえで、自国の競技結果にもっぱら注目する報道姿勢がそこに見て取れた。オリンピックという場で発揮される典型的なスポーツ・ナショナリズムが、これまで通り繰り返されたのである。それと同時に、東京大会で目立ったのは、参加したアスリートたちの多様性や国際交流を取り上げて、オリンピックというイベントの理念と意義をあらためて強調するようなメディアの語りだった。そこでなにより重視されたのは個々の競技結果ではなく、グローバルな危機のもとでスポーツの祭典が開催できること自体の意義である。一見すると、自国重視のスポーツ・ナショナリズムとコスモポリタン指向のオリンピズムの理念とは矛盾し対立するかのように思える。だが、これまでの近代オリンピックの歴史が雄弁に語るように、スポーツ・ナショナリズムとオリンピック理念は容易に両立してきた。厳密に考えれば論理的な矛盾を含むものの、オリンピックが実際に開催されることで、両者はなんら対立を引き起こすことなくともに享受されてきたのだ。そうしたある種の偽善とも言うべき〈わたしたち〉とメディアとの関わりが過去の大会同様、危機のもとで開催された東京2020オリンピックでも繰り返された。

だが第4章で述べたように、このナショナリズムの矜持を内包したうえでのオリンピック理念の称賛は、大会閉幕後一気に終息していった。兎にも角にも祝祭を成し遂げた後、大会の成功と余韻にひたる姿は不思議なまでに見られなかった。危機のもとで開催を果たしたことも、史上最高の成績を収めたこともともに、しばらくすると人びとの関心をさほど引きつけなくなった。その結果、まるで東京2020オリンピックというイベント／事件自体が瞬く間に忘却の彼方へと追いやられたかのような事態が訪れたのである。

だれ／なにが主人だったのか——憑かれる↕つかむの軸

集合的健忘とでも形容できるような閉幕後の有様について、第4章では東京2020オリンピックという「憑き物」が落ちた背景と要因を分析しながら論じた。その議論を踏まえて、ここでは憑かれる（外部のなに

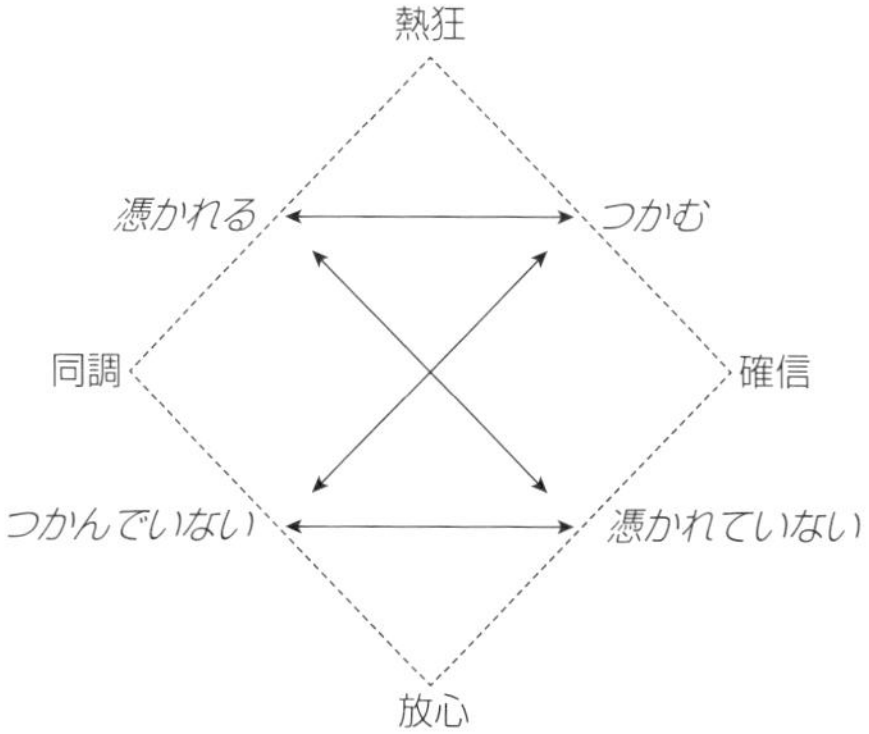

図５－７　憑かれる↔つかむ

かの影響を受動的に被る）↕つかむ（外部のなにかに能動的に関わる）の相反軸から考えてみたい（図5-7参照）。

自分以外のなにかしらの存在から影響を受けると同時に、自らもそれに積極的に関わることで生まれる精神状態は、いわゆる熱狂であろう。イベントであれ人物であれなにかに夢中になるとき、人びとは相手や対象からもたらされる圧倒的な力にわが身をさらす。その帰結として体感される独特な高揚感こそが、人びとを引きつける熱狂にほかならない。その意味で世紀のメガイベントであるオリンピックが目指すのは、イベント自体が魅力によって世界中の観衆の心を引きつけると同時に、より多くの人びとが自ら進んでオリンピック・ムーヴメントが掲げる理念と価値にコミットすることである。バッハ会長が東京大会の閉会式で強調した「オリンピック・コミュニティ」は、そうした理想のオリンピックの姿を象徴したものと理解できる。

そうした熱狂と比較して、主体的な意思や能動的な関与を欠いたかたちでなにかに引きつけられるとき、そこで生じていのは同調である。意見であれ行動であれ自らの選択を自分以外の周りの状況に合わせたり寄せたりするとき、人はそこに必ずしも能動的に関わっているのではない。周囲の多数派が作り出す動静に引き寄せられながらも、自らがそこへ主体的に向かおうとしているわけではないのだ。むしろ、そうした動きに対して受け身の姿勢で自身の立ち位置を寄せていく姿こそが、ここで言う同調の典型的なあり方である。ＳＮＳに流れてくる東京２０２０オリンピックについての周囲の者たちの意見表明を敏感に感じ取り、そこから外れないように、ほかの者たちから浮き上がらないように自らの立場を器用に合わせていくことで、〈わたしたち〉は賛成であれ反対であれ周囲に同調することで、それぞれに〈わたし〉の意見を表明してきたのではないだろうか。

そうした同調と対照的に、外部の存在がおよぼす影響に左右されることなく、もっぱら自らの能動的な関わりで対象との関係が生み出されるとき、そこに見て取れるのは確信である。開催是非をめぐる議論に即して言えば、賛成であれ反対であれなにかしらの理由に根ざした主体的な判断のもとでオリンピックを受けとめた姿勢と態度は、ここで言うところの確信に根ざしている。だが、これまでの議論で再三確認してきたように、そうした確信にもとづくオリンピックとの関わりは、立場や意見の違いを超えてきわめて少数に留まっていた。

開催前の喧騒のただ中でＩＯＣ幹部たちが放った傲慢な物言いが象徴していたように、主催者側は世紀の祭典に〈わたしたち〉が熱狂することを安易に期待していた節がある。だが実際には、それまでの期間多くの人は熱狂というよりも同調を介してオリンピックを容認し、なかば受動的に祝祭を享受していたと思われる。だが同時に、オリンピックという魔物に憑かれた〈わたしたち〉の姿が言葉によって可視化されたり、ほかならぬ当事者自身によって自覚されたりすることもなかった。その要因のひとつは、憑かれた状態の相反軸となるべき自覚したうえでのオリンピックとの主体的な関わりがきわめて希薄だったからだろう。周囲の動静への安逸な同調か、自らの確信に根ざした毅然たる判断か。この厳しい二者択一が東京2020オリンピックとの関わりで迫られることは、最後までなかった。なぜなら〈わたしたち〉は気安く心地よく交わされるSNSユーザー間のやり取りを通して、スクリーン上に可視化された匿名の相手の意見を参照しつつ互いに同調していくことで、ネット空間でオリンピック世論を日々生み出していたからである。

このように大会との関わりが熱狂ではなく同調に後押しされたものであったとすれば、閉幕後すぐに憑き物が落ちたような状況に見舞われたことも頷《うなず》ける。〈わたし〉自身は積極的に関わることがなかった東京2020オリンピックが終幕を迎え、波乱含みの祝祭が兎にも角にも去っていった後、人びとのあいだにある種の放心状態が生まれた。それはある意味で理にかなっていた。そもそも憑かれること自体が受動的なのだから憑く主体であるオリンピック自体が去ってしまえば、確信を持たない〈わたしたち〉は途方にくれるほかに手立てがないのだ。このようにコロナ禍のもとでオリンピックを迎え入れた東京／日本に暮らす人びとの実際の様相は、主催者が最後まで淡い期待を寄せた祭典に熱狂する姿とは大きく異なるものだった。

潜在的対抗の失効――「反対」はなぜ力を持ち得ないのか

ここまで、東京2020オリンピックをめぐるこれまでの社会情勢について六つの相反軸を設けたうえでグレマス／ジェイムソンの理論を援用しつつ議論を展開した。それぞれの時点で生じていた東京大会と〈わたしたち〉との複雑な関係が、俯瞰的で複眼的な視座からの分析を通して浮かび上がった。記号論的な枠組みから意味構造として捉え直すことで、具体的な現象として現れた表層次元では必ずしも十分に理解できない、より深層次元での互いに異なる立場や事象のあいだの複雑な関連が見えてくる。ここまでの分析を踏まえて、以下ではいささか図式・形式的に過ぎることを自覚したうえで、第二の四角形を通して照らし出された東京2020オリンピックをめぐる意味連関の特徴について考える。

各相反軸に基づく記号論的四角形を援用した分析から得られたひとつの発見は、左右の直示相互の関係が対抗し対立するよりも、互いに補完し協調的なものである事例が多いという事実である。例えば賛成↕反対の軸に即して言えば、これまで繰り返し言及した「なんとなく賛成」と「なんとなく反対」は、表面上は対立関係（賛成か反対か）として映るが、ここで見てきたように実際にはある種の互換性のもとで成り立っていた。つまり、「なんとなく賛成」から「なんとなく反対」への変化はドラスティックな反転というよりも、比較的スムースな一気の移行として理解できる。そこには「なんとなく」という気分と態度を生み出す共通した要素が見て取れた。また、開催↕結果の軸においても「オリンピック理念の称賛」と「スポーツ・ナショナリズム」は原理原則である普遍性（コスモポリタニズム）と個別性（ナショナリズム）の対抗を意味するのではなく、テレビや新聞などでのオリンピック報道を媒介にして、きわめて調和的なかたちで現実社会において成り立っていた。そこに顕在的な対立や衝突は見られない。同様の傾向は、理想↕現実軸が描き出す「オリンピック神話」と「オリンピック・ビジネス」の相互関係にも見て取れた。

このように論理次元で潜在的な対立や対抗を含むと想定される第二の四角形の左右の辺は、実際の社会情勢のもとでもっぱら調和的に共在するような関係に置かれていた。こうした「対抗の失効」とでも呼ぶべき状況を、東京2020オリンピックをめぐる一連の出来事と〈わたしたち〉との関わり方の特徴として指摘できるのではないだろうか。つまり、ここで分析した相反軸の多くで、左右の直示の具体的な内容ならびに相互の連関は、あからさまな緊張や対立ではなく結果としての共謀へと行き着くような潜在性を示していたと解釈できる。

さらに、四角形の左右に置かれた直示の共約的な関係性は、図形の上下に位置する複合項と中立項との関係と密接に関わりあっていると思われる。ここまでの相反軸の分析結果を見るかぎり、左右の直示の関係性は上下の複合項―中立項の関係とかなりの程度で相似していると判断される。つまり、直示の相互連関での対立の希薄さは、複合項と中立項の関係に見て取れる矛盾のなさと類似していると判定できるのだ。先の例に即して言えば、賛成↕反対を相反軸とした四角形において「なんとなく賛成」と「なんとなく反対」が相互互換的に推移可能であるとすれば、それに呼応するかのように「どうせやるなら」(複合項)と「結局やるなら」(中立項)は実際の社会状況のもとで矛盾することなく並存し、最終的に東京大会の遂行に大きく貢献した。その意味で、賛成↕反対をめぐる指向性で大きく異なる二つの立場は、実際にはある種の共謀関係に置かれていたと分析される。また、開催↕結果の軸においても複合項に置かれた「コロナに打ち勝つ日本」という主催者側が賭けに出た強行開催と、中立項に位置する「東京大会の忘却」が意味するどこか醒めた世論動向との関係でも、両者のあいだに明確な対抗や緊張が生み出されることがないままに、瞬く間に憑き物が落ちたかのごとく東京2020オリンピックという事象自体が終息していった。この四角形でも、左右の直示の関係と同じように上下の複合項—中立項のあいだに調和的で、どこか共謀めいた関係が見て取れるだろう。

だが、具体事例の分析から浮かび上がるこうした傾向は、論理的に考えればきわめて奇妙なものである。なぜなら、そもそも相反し対立する（contrary）関係にある二つの項をともに含むS＝複合項はある意味「ユートピア的」（ジェイムソン）であり、それに対して「S＝中立項は、それぞれの矛盾を構成する要素である*S1*でない／*S2*でないものの集まりを指している。このように一方は互いに相反するもの同士を超越的に統合する指向性を示し、他方は両者それぞれの矛盾（バー）を中和し混ぜ合わせる点で、二つの項は論理的かつ本質的に「異なる」意味を担うものだと理解されるからだ。そうだとすれば、ここで確認したように現実社会での現象に応用したとき、意味の四角形の複合項と中立項とのあいだでなにかしらの共在、さらには共謀の契機が見て取れるとすれば、それは注目に値する「発見」だと言えるのではないだろうか。

こうした解釈に対しては即座に、記号論での論理演繹にもとづく思考と事例分析を通した経験的で帰納的な社会学的発想とを混同している、との正当な疑義が投げかけられるだろう。そうした批判が妥当であることを否定するつもりはない。ただ少なくとも、第1章から第4章までの時系列的な記述を踏まえたうえで、ここでの記号論的四角形を用いた分析から得られた結果として、直示の相互連関における特徴と複合項—中立項のあいだの潜在的対立の有無とのあいだに相似が浮かび上がった点を、あくまでヒューリスティックな知見として強調しておきたい(8)。その理由は「東京2020オリンピックとはなんだったのか？」との問いの核心に迫るヒントが、そこに潜んでいると考えるからである。

注

（１）レイモンド・ウィリアムズ『長い革命』一九八三年。

（２）フレドリック・ジェイムソン『未来の考古学Ⅰ　ユートピアという名の欲望』二〇一一年、『未来の考古学Ⅱ　思想の達しうる限り』二〇一二年。

（３）ジェイムソン『未来の考古学Ⅰ』五六―六一ページ、ならびに同書訳者の秦邦生による注での解説を参照、同書四七〇―四七一ページ。

（４）Jameson, F. 'Forward' in A. J. Greimas, *On Meaning Selected Writings in Semiotic Theory*, 1987.

（５）ジェイムソン『未来の考古学Ⅱ』二〇二―二二七ページ。

（６）ジェイムソン『未来の考古学Ⅰ』四七〇ページ。

（７）阿部潔『東京オリンピックの社会学――危機と祝祭の２０２０ＪＡＰＡＮ――』第三章参照。

（８）グレマスの記号論的四角形の意義に関してジェイムソンは、それが「発見原則（discovery principle）を与えてくれる点を強調している。つまり記号論的四角形を通して事象を眺めることで、これまで見えなかった事柄が認識可能になる点に概念図式としての意義を見出している。この評価を踏まえれば、ここで「ヒューリスティクな知見」を提示することは、グレマス／ジェイムソンの分析意図に十分適うものだと言えよう。Jameson, F. 'Forward', in op.cit., p. XV.

新国立競技場建設にともなう解体前の都営霞ヶ丘アパート。競技場規模の拡大ならびに周辺地区整備のために、団地住人たちは移転を強いられた。
筆者撮影

第6章

シニカルな大会——浮かび上がる〈なにか〉

第5章では東京2020オリンピックをめぐるこれまでの動向をグレマスの四角形を用いて分析することで、それぞれの事例での複合項S（S1でありかつS2でもある）と中立項－S（S1でなくS2でもない）がかならずしも緊張や対抗の関係にあるのではなく、むしろ矛盾なく並存することで、結果として調和的で、ときに共謀めいた関係に置かれがちであると指摘した。論理的には対照関係に置かれるべき二つの項が実際の社会事象や現象では非対抗的なかたちで成立しているとすれば、それを可能にしているなにかしらの条件やメカニズムがあるに違いない。以下では、そうした両項の非対立的な関係の背景について考えていく。

複合項が映し出すもの

ここで第5章での分析で複合項として理解した諸事象を再度確認しておこう。具体的には、オリンピック・ムーヴメント、「どうせやるなら」、強行開催、無観客開催、「コロナに打ち勝つ日本」、熱狂が挙げられた。こうした現象や動向には、どのような特徴や共通点が見て取れるだろうか。まず指摘できるのは、ある種の決断主義（decisionism）という傾向である。なにかしらの明確な基準に照らしたうえでの合理的な判断というよりは、特定の局面での政治的な決意にもとづく裁定によって、これら諸事象は成り立っていた。例えば、コロナ禍のもとで敢行された無観客での開催を思い起こせば、当時だれの目にも明らかだった感染拡大という事態を踏まえたうえで、それでもあえて「開催する」との方針が政府・指導者によって決断された。そこで採用された無観客実施について言えば、海外からの観客の来日を認めず国内でもスタジアムや会場に観客を入れないという厳しい対策が、オリンピックが掲げる理念のひとつである国際友好や文化交流を妨げざるをえない点を認識したうえで、それでも「観客を入れずに開催する」との選択が採られたのだ。ここに見て取れるのは、相反する要素（賛成↕反対、危機↕祝祭、リアル↕ヴァーチャル）を統合するという論理的に不可能な試みに向けて、政治的決断が下されていた様である。

第二の特徴は、東京２０２０オリンピックという国を挙げての企てでは、その決断が当然のごとくナショナリスティックな側面を強く持っていた点である。コロナ禍により一年の延期が決定された時点で、すでに当時の安倍晋三首相は「人類が新型コロナウイルスに打ち勝った証」として東京大会を遂行すると声高に訴えた。グローバルなパンデミックに喘ぐ世界に向けたメッセージにおいて、そこで「人類」を代表／代理してコロナに負けることなくオリンピックを成し遂げるとの偉業を果たす主体として「日本人」が想定されていたことは、あらためて言うまでもないだろう。政治的決断の担い手ならびにそれが訴えかける相手は、徹底して日本／日本人なのである。そうしたナショナリズムがコスモポリタニズムというオリンピック理念と潜在的に矛盾することは、微塵も問題視されなかった。

この決断主義的ナショナリズムは、どのようなビジョンとして提示されていたのだろうか。別の言葉でいえば、過去・現在・未来という時制との関連で、将来に向けたどのような決断が下されていたのだろうか。結論を先取りして言えば、そこに見て取れたのは現在の「いま／あそこ」での厳しい現実を後追いするかたちで、来るべき「そのとき／ここ」の理想を提示する試みである。コロナ禍のもとで決定された無観客開催に即して言えば、いま=現在（開催を間近に控えた時期）での決断は、ここ（東京／日本）にとどまらない別の場所=あそこ（日本各地／世界各国）での危機の高まりに迫られるかたちで、不本意ながら強いられたように思われる。なぜなら主催者側は、自らの利害（チケット販売収益など）に照らして、通常と大差ないかたちでの開催の可能性を最後の局面まで模索していたからだ。その点で「安全安心な大会」（菅首相）の実現をスローガンに掲げた主催者側の一連の取り組みは、危機と祝祭という本質的な緊張関係にある二つの事項への取り組みにおいて、なんとしても「そのとき／ここ」で大会を「完全な形で」（安倍前首相）成し遂げることを至上命題としながらも、「いま／あそこ」から迫り来る厳しい現実に押されるかたちで、開催実現に向けた決断を強いられていた。当事者たちの自己礼賛とは裏腹に、それは毅然と下された決断とは程遠く、どこか場当たり的で頼りない判断として〈わたしたち〉の目に映っていたことが思い出される。その場その場で変わっていった為政者による決断は、目の前に広がる「いま／ここ」を見舞っている困難な状況からの脱却の方法を説得的に保障したり、あるいはなにかしらの飛躍を介して「そのとき／ここ」に訪れるだろう理想の姿を魅力的に描き出したりすることで、開催の意義と現実味を示していたとは思われない。むしろ主催者側は、世間から投げかけられた疑問や異論に頑なな態度で対峙しつつ、あらかじめ決められた「開催ありき」との方針から外れることのない範囲で、それぞれの局面でなし崩し的に判断を下していた。その様子を目の当たりにした国民の多くは、強行開催であれ無観客実施であれ主催者側が目指す来るべき大会の姿（そのとき）を、現在強いられている日常（いま）とはどこか隔絶した文字通り別世界（パラレルワールド）として受けとめる以外に、さしたる手立てがなかったに違いない。

中立項が映し出すもの

それでは、中立項に置かれる諸事象にはどのような特徴があったのだろうか。先の分析での六つの四角形の中立項には、それぞれパラレルワールド、「結局やるなら」、無関心、コロナ禍での受容、東京大会の忘却、放心が置かれた。ここに共通して見出されるのは、諦念にもとづく自己防衛とでも形容すべきで態度である。例えば賛成↕反対軸に関して言えば、世論動向が以前の「なんとなく賛成」からコロナ禍の深刻化のもとで「なんとなく反対」へと転じ、さらに開催間際に無観客での実施が決定されると「結局やるなら」との気分が広まっていった。その背景として、祝祭↕危機の四角形で示した「容認」から「反対」を経て「無関心」へと移行していった世間の空気が見て取れる。ここから分かることは、無観客実施という異例の措置を採ってまで強行に開催する方針がはっきりと示されるにいたり、東京2020オリンピックに対するある種諦めにも似たどこか醒めた見方が〈わたしたち〉のあいだに広まっていった当時の情勢である。緊急事態宣言発令下、市井の人びとは自らの身の安全を案じつつ、周りの者たちとのあいだで互いに同調し合うことを通してオリンピックという祝祭／危機と関わり合っていた。そうした困難で窮屈な日常を過ごす中で生み出されたある種の知恵が、すでに止めようのないメガイベントを熱狂とは程遠い態度で諦め半分に迎え入れ、そこそこの関心をもって事態の推移を眺めながらも、いざ祭りが終わればいとも容易に忘れ去るという祝祭／危機との割り切った付き合い方だったと思われる。

〈わたしたち〉が示したこうした態度と立場には、時制（過去・現在・未来）に関してどのような特徴が見て取れただろうか。それを一言でいえば、過去とも未来とも切り離されたかたちでのいま現在の状況に対して抱かれる独特な感覚としてのリアルさ、つまり実感としての「そうであること」へのある種の囚われである。つまり、過去からの連続のもとで生じる帰結ではなく、突如として降りかかった災厄であるコロナ禍という危機を前にして、人びとは自らが体感／実感する圧倒的な現実から距離を取ることが容易でなかった。別の言葉でいえば、眼前に広がるいま現在のあり方、つまり実際に「そうである」とされた現実と異なる可能性に信を置いたり、それが未来に実現することに希望を託したりするのは、当時の状況下できわめて困難だったと思われる。だからこそ、たとえ為政者による決断主義のもとで来るべき祝祭が声高に喧伝されても、それに対する人びとの反応や応答はどこか冷淡で醒めたものだった。たしかに正面からの反対や拒否ではなかったが、それは期待された熱狂や称賛とも程遠いものであった。そこに見て取れたのは、文字通り「反対ではなく賛成でもない」という一S（中立項）として理解されるようなメンタリティである。開催期間中について言えば、「いま／あそこ」で祝祭が繰り広げられているスタジアムや競技会場は、〈わたし〉が「いま／ここ」で過ごす日常と隔絶したパラレルワールドであり、同じ現在の出来事であっても「ここ」と「あそこ」はどこまでも互いに別世界として受けとめられた。だからこそ大会が閉幕すると、無観客で催されたことでそもそもどこかしらヴァーチャルに感じられていた祝祭は、即座に忘却の彼方へと追いやられたのであろう。ここに透けて見えるのは、祭りの最中としてのあのとき（過去）とそれを終えたいま（現在）が、どちらも同じ「ここ」での出来事であるにもかかわらず、どこか断絶した時間として生きられていたとの事実である。

ここからも、その時々における「そうであること」に〈わたしたち〉が深く囚われていた様が見て取れるだろう。こうした時制における独特な断絶と非連続は、過去（あのとき）からの継続として現在（いま）を生きるのが容易でないという現実社会の姿を示すと同時に、それ以上に来るべき未来（そのとき）を構想することと自体がきわめて困難である様を示唆している。ここに浮かび上がるのは、これまで比較的素朴に自明視されてきた過去からの連続と積み重ねのうえに現在が存在し、その先に未来が構想されるとする近代的な時間認識とはおよそ異なる意識と感覚だ。(1) それは、ポスト近代を生きる〈わたしたち〉が直面している時間をめぐる独自の窮状にほかならない。

「シニカルさ」という共通性

ここまで、論理に基づく図式として考えれば対照関係にある複合項と中立項それぞれが現実社会で映し出すものについて概括した。その結果、本来ならば対照・対抗的な位置に置かれる両項のあいだに、なにかしら共通する要素が見て取れた。その共通性とは、独特な形態での「シニカルさ」だと考えられる。コロナ禍という危機の甚大さを十分に認識しながら、主催者側はあえてそれを過小評価するかのように大会の安全性を喧伝し、無観客での実施を強引に推し進めた。その姿には、底深くシニカルな態度がうかがわれた。決して無邪気に開催の可能性を信じるのではなく、たとえかぎりなく困難な状況であっても大会実現へ是が非でも向かおうとした決断主義のあやうさが、そこに見え隠れする。反対世論の高まりにもかかわらず開催に向けて政府・大会組織委員会が一貫して示した頑ななまでの態度を裏打ちしていたのは、いわば「攻めるシニシズム」とでも形容すべき異様な政治のありかただった。

他方、そうした主催者側の立場と姿勢を受けとめた〈わたしたち〉のあいだにも、ある種のシニカルな態度がたしかに見て取れた。ネットでの世論動向が雄弁に語っていたように、ユーザーたちの多くは政府の無策ぶりや大会組織委員会のガバナンスの欠如を取り上げて、評論家のごとく苦言と文句を繰り広げていた。当時、来る東京2020オリンピックという話題・ネタをめぐり、菅首相が唱えた「安全安心な大会の実現」を無邪気に信じ、無観客で実施するとの政府方針を心から称賛するような物言いはネット世論で多数派ではなかった。では大会に正面から異を唱えていたかと問われれば、おおいに疑問が残る。たとえコロナ禍での五輪開催という推進者側が示した「普通はない」（尾身茂・新型コロナウイルス感染症対策分科会会長）企てに対して異議や文句を投げかけはしても、世間に蠢《うごめ》いていた「もやもや感」は結局のところ、行き場のない諦めや無関心へと流れていったように見受けられる。ここに見て取れるのは、コロナ禍での強行開催という暴挙に憤りを抱きながらも目の前の現実が「そうであること」を受けて、それを肯定することも否定することもなく、どこかしらやり過ごすというメンタリティであった。主催者側の「攻めるシニシズム」との対比で言えば、この態度を「かわすシニシズム」と呼ぶことができるだろう。

このように複合項に置かれる事象と中立項に位置づけられる事象とのあいだには、どこかしらシニカルな立場と態度という点で共通性がある。この事実こそが、本来ならば対比や対抗の関係にあるはずの両項を現実社会での具体的事象に即して示すと、そこに奇妙な調和関係が見て取れたことの背景要因だと分析できる。

東京2020オリンピックをめぐる一連の動向と現象をグレマスの四角形を用いて記号分析することで、今の日本社会に広く分かち持たれたシニカルなメンタリティが浮かび上がった。

シニカルなイベントのゆくえ

ここまで東京2020オリンピックをめぐり生じた社会現象を時系列的に概括したうえで、そこに見て取れた動向を、記号論的分析を通して図式化し、その特徴について検討した。そこで明らかにされた二つのシニシズムを踏まえて、あらためて「東京2020オリンピックとはなんだったのか?」を考えてみよう。攻める/かわすシニシズムの奇妙な絡み合いの中で挙行された大会は、スポーツ・メガイベントとしてどのような特徴を持っていたのだろうか。スポーツとイベントをめぐるどのような(不)可能性が、そこに見て取れたのだろうか。現代日本に広がるシニカルな態度と立場を超え出ることがもし可能だとすれば、オリンピックを取り巻く諸現象のどこに/どのようなかたちでその契機を見いだすことができるのだろうか。

最終的に無観客実施により無事閉幕を迎えた東京2020オリンピックは、徹頭徹尾計画された通りに遂行されたメガイベントであった。このように述べると、多くの人は訝《いぶか》しく思うに違いない。なぜなら、これまで繰り返し言及したように招致決定以降の道行きは決して平坦でなく、要所要所でさまざまなスキャンダルや事件が生じ、挙句の果てに開催年を迎えてコロナ禍のため一年延期を強いられた東京大会は、数々の想定外の事態に見舞われたオリンピックとして多くの人に記憶されるからだ。だが、長年にわたる期間を通じて莫大な資源と金銭が投入され、大勢の多様なステークホルダーが携わったメガイベントである東京2020オリンピックは終始一貫して計画通りに遂行されたことで、あらかじめ約束された「成功」を収めることができた。そのように評価されうる。それはどうしてなのだろうか。

その答えを求めてここでは、イベントにおけるプロジェクト（project）とプログラム（program）の違いに注目して東京2020オリンピックの特性を考えてみたい。オリンピックでの「プログラム」と言えば、多くの人は競技種目の日程表や開閉会式での演し物を思い浮かべるだろう。「プロジェクト」との言葉を耳にすれば、大会との関連で行われたさまざまな文化・芸術・教育活動を思い起こすだろう。もちろん、そうした理解はまったく間違っていない。だがここではあえて、そこで言われるプログラム／プロジェクトの語源を辿ることで両者の違いを考えてみたい。

英語のprogramは、語源としてはpro=forth（前に／前もって）＋graphy＝process of writing（書記の過程）から成る。つまり「前もってあらかじめ書き込まれた」が、プログラムのそもそもの意味である。それに対してprojectは、ラテン語のproicereに起源を持つ。その意味はstretch out, throw forth（外へ広げる／前に投げ出す）だとされる。このように両語の語源を確認すると、二つの概念はかなり異なる指向性を持つことが理解できるだろう。つまり、プログラムがあらかじめ決められた＝書き込まれた事象を指すのに対して、プロジェクトはなにかしらの事物を外に／前に突き動かす動きや運動を意味している。もちろんある企画において、具体的内容がプログラムであり、その取り組みがプロジェクトであるとすれば、両者は密接に関わっている。だが、ここであえて注意を喚起したいのは、そもそもの言葉・概念・思想として見たとき、両語は大きく異なる面を持つという点だ。

オリンピックに関して用いられる二つの言葉の違いをこのように理解したうえで、東京大会というイベントがどのようなプログラム／プロジェクトであったかを振り返ってみよう。実際に行われた競技種目＝プログラムについて言えば、酷暑対策として当初の会場からの変更（マラソン・競歩）や競技時間の変更（テニス・女子マラソン）がなされたが、実施競技全体としてみれば文字通りあらかじめ書き込まれた＝計画された通りに物事は進んだ。これまで述べたように、世界各国からのアスリートが集い競い合う場を提供する大会の開催そのものが危ぶまれる局面もあったが、無観客という対策を講じることですべての日程をやり遂げた。ここで確認されるのは、東京２０２０オリンピックというイベント自体がひとつのプログラムとして強引なかたちで遂行されたという事実である。つまり、いかなる困難やスキャンダルに見舞われようとも、あらかじめ「書き込まれた」予定と内容を頑ななまでに成し遂げようとする首尾一貫した姿勢が、政府・大会組織委員会の対応に見て取れた。その意味で主催者側にとって東京２０２０オリンピックとは、壮大なプログラムの挙行だった。

他方、文化交流や教育実践であるプロジェクトはどうだったろうか。各種プロジェクトを通した多様な人びとの参加と交流が謳われ、さまざまな文化イベントが実施された。だが実のところ、そこで重視されていたのはあらかじめ掲げられた目標の達成や、目指すべき価値として言祝がれた実践の遂行であったように思われる。そうしたプロジェクトの傾向と指向を如実に示す言葉が、いわゆるオリンピック・レガシーにほかならない。そこでは、東京大会に関連して実施されたさまざまな事業をその場かぎりで終わらせることなく、後世へと引き継がれる遺産＝レガシーを残すことが謳われた。だが不思議なまでに、大会開催を通して創るとされたレガシーははじめから、つまり実際に大会が行われるはるか以前の段階で、きわめて明確かつ具体的に示されていた。その意味でオリンピック・レガシーとは、ある種の先物取引である。(2) なぜなら、本来は未来の時点で達成されるはずの遺産が、今の時点ですでに約束されているからだ。そのことを踏まえれば、オリンピックに関連したプロジェクトは実際にはプログラムにほかならないと言える。つまり、祝祭を通してレガシーを残すとは、未知の可能性に賭けてなにかしらを「外に向けて」試みたり、「前に向かって」投げ出したりするような企てではなく、あくまで招致申請ファイルにあらかじめ書き込まれた目標を粛々と果たすことなのだ。それこそがオリンピック・プロジェクトが達成すべきす成果にほかならない。

このようにプログラム／プロジェクトの異同に着目して東京２０２０オリンピックというメガイベントを振り返ると、それがきわめて「プログラム的」であったことが確認できる。逆に言えば、それは招致申請当初から閉幕に至るまで終始一貫して、本来の意味でプロジェクトを感じさせなかった。そのことがまた、コロナ禍のもとで強行開催された、つまり強引に成し遂げられプログラムである大会に対して、少なからぬ人びとがある種の諦念と無力感を禁じ得なかった要因であろう。なぜなら、オリンピックという特定のかぎられた場と関係（オリンピック・コミュニティ）から踏み出て、より広い外部の世界に向けて働きかけたり、商業主義をはじめさまざまな問題が指摘されて久しいオリンピックの現状から抜け出て、真の意味でスポーツの祭典の実現を目指して前へ／未来に向けて動き出そうとしたりする真摯な姿勢は、ＩＯＣが主導する現在のオリンピックには感じられなかったからだ。そこに、そもそものプロジェクトに含意された未知なる多様性や未来に潜む可能性を感じ取ることは困難である。その意味で東京２０２０オリンピックというイベントは、その帰結があらかじめ決められていた壮大なプログラムに過ぎなかったと評価される。

他方、プログラムとしての東京大会を受けとめた〈わたしたち〉にとって、それはどのようなイベント＝出来事だったのだろうか。一言でいえば、根底的な「無関心」に支えられたイベントだった。こうした評価に対しても、すぐに異論や反発が返されることだろう。これまで指摘したように、たとえコロナ禍という危機のもとでの開催であっても連日各種マスメディアは、日本選手とチームの活躍を「いつものオリンピック」となんら変わることなく伝えていた。そうしたオリンピック報道の背景に、相応の興味と関心をもって東京大会を観て／視ていた国民がいたことは明らかだ。だとすれば、世紀のメガイベントとの関わり方を無関心と捉えることは的外れのように思われる。だが、ここでも言葉の語源に立ち振り返ることで、東京２０２０オリンピックというイベントの特性をより深く理解することができると期待される。

広く知られているように英語で「関心がない＝無関心」を意味する単語のひとつは indifference である。この「党派性がなく中立」である様を意味する indifference は同時に、それぞれの違い（difference）を無効化する（in）ことを指してもいる。つまり「あれでもなく、これでもなく」というかたちで、多様性や差異といった存在における違いそのものを中和することが「無関心」の本質である。そうだとすればグレマスの四角形の中立項に置かれた諸現象とは文字通り無関心の現れであり、それは対立する二つの項を統合する複合項に潜む矛盾と緊張それ自体を失効させる、つまり中和化＝無関心化する作用を果たしていた。そのように考えることができるだろう。

第3章での大会開催期間中の状況分析で指摘した「多元的なパラレルワールド」は、当時の無関心の様態を如実に表していた。なぜなら、現在という同じ時間を過ごしながらも互いに並行＝パラレルな関係にある世界のあいだで曲がりなりにも（非）関係が成り立つうえで、互いに対する徹底した無関心（差異の中和化）が不可欠の条件だからだ。きわめて皮肉なことに、お互いへの根底での無関心を介してそれぞれの差異を無効化することが日常と化していた状況のもとで、東京２０２０オリンピックの大会ビジョンのひとつである「多様性と調和」に向けた実践と成果が称賛されていた。その意味で東京大会というイベントは、「互いの違いの承認」のそぶりとなんら矛盾することなく異なる存在や世界に対して根底的な無関心を抱くという、最近流行りのダイバーシティ（diversity）への取り組みに典型的に見て取れるような感覚と意識に支えられていた。そうしたメンタリティのお陰でパラレルワールドのあいだの「違い」は緊張や対立を引き起こすことなく、体良く無効化された。華やかな祝祭が繰り広げられる競技場と野戦病院と化した医療現場とのあいだの根本的な矛盾が正面から論じられるべきコモン・ワールドは、そこに成立し得ない。文字通り「あれでもなく、これでもなく」との無・関心（in-difference）による中和作用を介することで、危機の最中にスポーツと平和の祭典というプログラムを行う暴挙が平然とまかり通ったのである。

このように考えてくると、社会に漠然と広がるシニカルな感覚のもとで挙行された東京２０２０オリンピックは、そのシニシズムのゆえに容認されたと同時に、その傾向をさらに強めたように思われる。開催側の頑なな姿勢を後押ししていた「攻めるシニシズム」と、それを受けとめる人びとが繰り広げた「かわすシニシズム」とのあいだに奇妙なハーモニーが奏でられることで、政府お抱えの医療専門家までもが「普通はない」と評したパンデミック下での祝祭は兎にも角にも終演を迎えた。だが、そのように艱難辛苦の末に成し遂げられたオリンピックが日本社会とそこに生きる〈わたしたち〉にどのような希望や変化を残したかを問われれば、多くの人は答えに窮するだろう。終了後、大会それ自体への興味と関心が瞬く間に終息していったことが、それを物語っている。

すでにこれまで繰り返し指摘されてきたようにスポーツと平和の世界祭典である近代オリンピックは、現実世界での政治や経済のあり方に大きく規定されてきた。その点で、自らが掲げる崇高な理念とは裏腹に、一方でオリンピックは政治の道具として露骨なまでに利用されてきたし、他方でグローバルな資本による利益獲得の機会として大いにもてはやされてきた。そのことは東京2020オリンピックでも、なんら変わらなかった。だが今では、そうしたオリンピックの現実の姿を十分認識したうえで〈わたしたち〉は祝祭を受けとめ、ゲームのゆくえに魅入られ、感動と戯れている。だからこそ、それはきわめてシニカルな祭典だと言わざるを得ない。

東京2020オリンピックというシニカルな祭典は、今の時代と社会のなにかしらを象徴的に指し示していた。一年延期のはてに訪れた大会が、IOC幹部たちが期待したような無条件の称賛をもって迎えられ世界中の人びとを熱狂へと誘うことがなかったとしても、その祭典は日本に生きる〈わたしたち〉に関わる〈なにか〉をたしかに映し出していた。むしろコロナ禍という危機の下で祝祭が成し遂げられたという事実は、この社会に蠢《うごめ》く〈なにか〉をたとえ瞬間であれ鮮明に感じさせたのではないだろうか。次章で、この点について考えてみる。

注

（1）若林幹夫『未来の社会学』二〇一四年、『ノスタルジアとユートピア』二〇二二年。

（2）阿部潔『東京オリンピックの社会学――危機と祝祭の2020JAPAN――』二〇二〇年、第二章参照。

新国立競技場建設に向けて解体される国立霞ヶ丘競技場陸上競技場（旧国立競技場）。かつて1964年東京大会が開催されたスタジアムの瓦礫のうえに、はたしてどのようなオリンピック・レガシーがこれから創られるのだろうか。
筆者撮影

第7章

オリンピックはユートピアなのか？

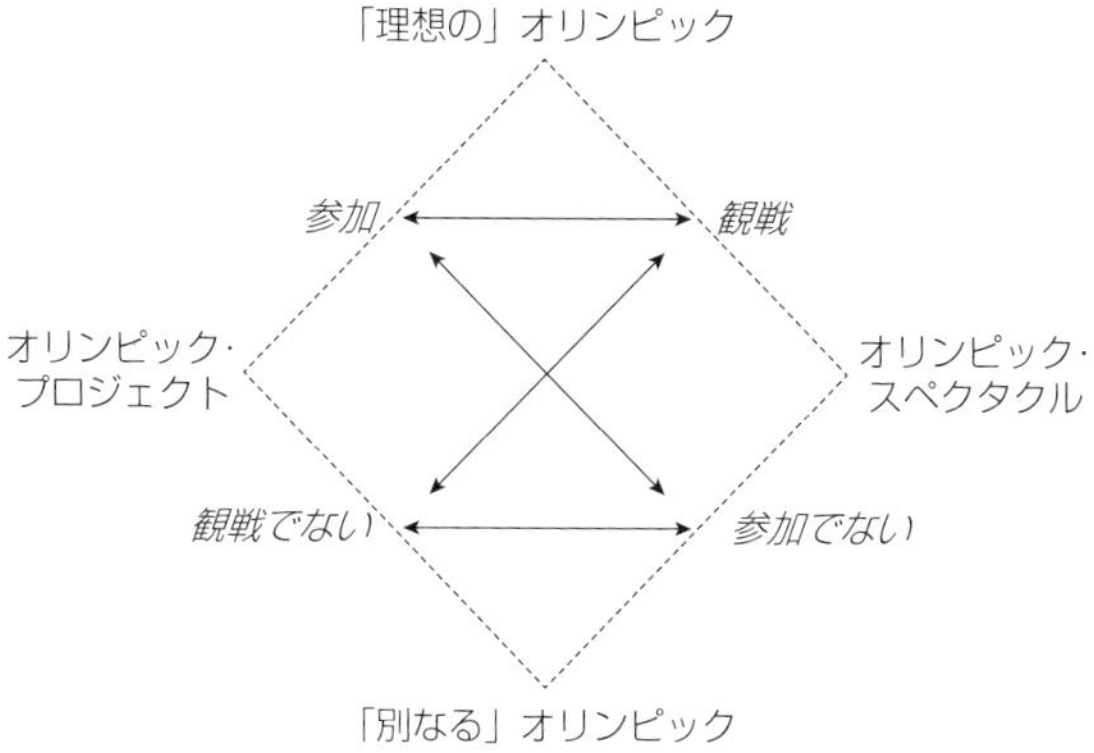

図7－1　参加↔観戦

〈なにか〉から浮かび上がるもの

シニカルな祝祭がたしかに映し出し、そこに〈わたしたち〉が感じた〈なにか〉。それはいったい、どのようなものだったのだろうか。そこにこそ「東京2020オリンピックとはなんだったのか？」との問いへの答えの核心が潜んでいるように思われる。以下では、オリンピック／ユートピアとの問い立てのもとで〈なにか〉を考えていく。

ここで、ふたたびグレマスの四角形を用いて議論を深めていこう。これまでオリンピック研究で指摘されてきたように、四年に一度の世紀のスポーツと平和の祭典は参加と観戦を軸に成り立っている。それを踏まえて四角形を描いてみよう（図7－1参照）。

参加↕観戦の相反軸を統合する複合項に置かれるのは、いわゆる「理想の」オリンピックの姿である。実際はごく一部のエリートアスリートだけが参加を許され、圧倒的多数の者たちはただ観戦することだけを期待される現在のオリンピック・ゲームという現実にもかかわらず、オリンピック憲章は「すべての個人（every individual）」がスポーツすることを人権として保障すると唱える。[1]だが多くの人にとって、オリンピックとは観戦するがかならずしも参加しないメガイベントである。そこでの関わりは、メディアを介した実況中継に代表されるように壮大で華麗な見世物（スペクタクル）としてスポーツを楽しむことにほかならない。他方、近年のオリンピック・ムーヴメントでは持続可能性やダイバーシティなどスポーツにとどまらない広範な社会的課題への積極的な取り組みが目指されている。その活動は単なる観戦でなく自らが参加することでオリンピックに関わる機会と場をより多くの人に提供するものであり、廃棄家電のリサイクルでメダル製造を実現した「都市鉱山からつくる！　みんなのメダルプロジェクト」など東京２０２０オリンピックで取り組まれたさまざまなオリンピック・プロジェクトが当てはまる。ここで注目すべきは、四角形の左右の直示に位置するプロジェクトとスペクタクルが一対となって、現在のオリンピックを推し進めているという事実である。点線で描かれる二つ目の四角形での左右の頂点は対立や緊張ではなく、きわめて調和的で相互補完的な関係に置かれているのである。

このようにオリンピックをめぐる動きをグレマスの四角形に当てはめて考えてくると、最後に－Sとしての中立項が残る。だが、ここに該当する具体的な事例や現象を考えることはきわめて困難だ。「参加ではなく観戦でもない」あり方を論理的に想定するのは容易だが、これまでのオリンピックをめぐる実際の動向を振り返るとき、具体的になにがそれに相当するかは分からない。その意味で仮に、理論的な可能性がいまだ実現していない「別なるオリンピック」と理解しておこう。

このようにグレマスの四角形を援用して参加↕観戦という軸からオリンピックの意味を図式化すると、近年のオリンピック・ムーヴメントが時代の趨勢に即応して多くの理念を唱えながら、その実現に向けて各種の取り組みをしてきたことが確認される。それと同時に、社会的課題に取り組もうとする最近の動きと一九八〇年代以降本格化した巨額の放映権料取引に代表されるグローバルビジネスの展開とが、相携えて今日のオリンピックを推し進めていることが明らかとなる。現在のＩＯＣにとって、各種の社会貢献活動と露骨なまでの金儲け主義は、きわめて相性がよいのだ。それと比較して、四角形の中立項にあるべき事象の姿はきわめて曖昧であり、その実体が希薄に感じられる。要するに現在のオリンピックの意味構造を記号分析しようにも、そこに位置する事象を具体的にイメージすることができない。だが、この不可視の項の中にこそ、今のオリンピックの実像を読み解くためのヒント（発見原則）があるのではないだろうか。そうした想定／仮説のもとで、次に「ユートピア」という補助線を引いて議論を進めてみよう。

ユートピアの条件

「オリンピックとはユートピア的な企てなのか？」　唐突にこんな問いを発すると、またしても多くの疑問と異論を引き起こすことだろう。だが、現在のＩＯＣ会長であるバッハの近年の発言を聞くかぎり、彼が唱えるオリンピック理念を「ユートピア的」と呼ぶのはそれほど的外れでないと思われる。自身もフェンシングのオリンピック・メダリストであるバッハが二一年東京大会、さらに二二年北京大会の開閉会式挨拶で行ったスピーチは、スポーツを通して世界に働きかけることで対立と紛争にまみれた現実を変えていくことがいかに重要であるか、そしてオリンピック・アスリートこそがその担い手になり得ることを延々と語り、参加選手たちに熱く呼びかけるものだった(2)。従来からの「より速く、より高く、より強く」とのオリンピック・モットーに会長提案として採用された「共に＝together」を東京大会から付け加え、スポーツを通した連帯（solidarity）を政治指導者たちに向けて、さらに世界中の人びとへ訴えかける会長メッセージは、いま現在とは異なるより望ましい世界の姿を未来に向けて思い描くものにほかならない。オリンピック・コミュニティによって「世界をより良い場所にする」とのバッハの宣言は、まさにユートピア的と言えるだろう。

ここでジェイムソンの『未来の考古学』などこれまでのユートピア研究の成果を踏まえて、実践↕観照を相反軸としてグレマスの四角形を描いてみる（図7-2参照）。実践と観照を統合した複合項に置かれるユートピアの姿は、ジェイムソンが『未来の考古学』で詳細に分析しているように時間・空間の閉鎖性を前提に構想される点で、ある種の「閉じられた」ユートピアだと考えられる。つまり、そのユートピア構想は歴史的時間とは無縁であり、ほかの場所と隔絶されたかぎりで理想的な世界たり得ている。そうした理想の、だが同時にどこまでも不可能なユートピアと比較したとき、現実世界でのユートピアへの取り組みは一方で実践を重視した「政治的」な企てとして、他方で観照に重きを置く「理論的」な試みとして取り組まれてきたと理解できるだろう。それと同時により重要なことは、そうしたユートピア的な挑戦が当初の理想から反転し、ある意味その真逆とも言えるディストピアと化したという現実の歴史である。二〇世紀における共産主義の思想としての盛り上がりと、それと呼応した政治運動が引き起こした悲惨な帰結（中国での文化大革命やカンボジアでのクメール・ルージュによる大虐殺など）を思い起こせば、それは容易に理解できるはずだ。こうしたユー

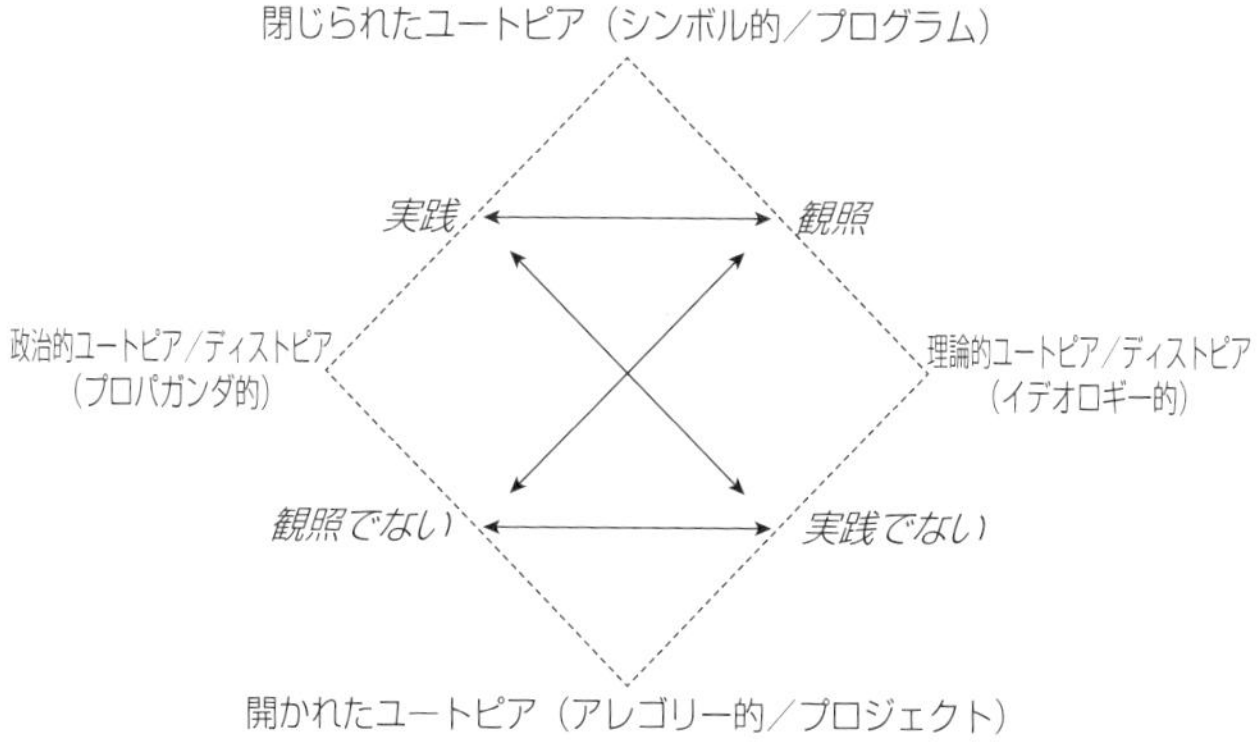

図７－２　実践↔観照

トピア／ディストピアの危うい関係性について、これまで多くの研究が積み重ねられてきた[3]。ユートピア的な理想がいとも容易にディストピアという悪夢に転じた歴史的経験を踏まえれば、政治的プロパガンダであれ理論的イデオロギーであれ実際の社会で目指されるユートピアの企てに対して、今の時代では警戒心や拒否感が抱かれがちなのは至極当然だろう。

だが、ここでも先の四角形と同様に中立項に置かれたユートピアの姿、つまり実践でも観照でもないユートピアの姿がにわかには思い浮かばない。それは複合項との対比で言えば「開かれた」、つまり特定の時間と場所に限定されることのないユートピアであるはずだ。なにかを具体的に行うのでも、思念を介して観念的に構想するのでもなく、さらに特定の場所にも時間にも縛られない社会のあり方。それはまさに、ユートピアという言葉のそもそもの起源とされる「どこにもない場所」にふさわしい理想郷のあり方であろう。あえてそれに言葉を与えるとすれば、これまでのフランス現代思想に倣って「無為のユートピア」とでも呼ぶのが適切かもしれない[4]。

さらに複合項との対比を通して「開かれ」の意味について考えてみよう。これまで閉じられたユートピアは、空間・時間的な不動を前提とした揺らぐことのない理想として、文学作品などで物語や主人公に託すかたちで象徴＝シンボルを通して描き出されてきた。それと対照的な位置に置かれる開かれたユートピアは、そこでの時空的な同一性を欠いた不確定なあり方が、意味の未決さやずれを表すような寓意＝アレゴリーを介して表現されると想定しうる。それはなにかしらを求めて外へ／前へ向かう指向性を持つ点で、第5章で論じたプログラムとプロジェクトの違いに照らせば「プロジェクト的」であるだろう。こうして浮かび上がる開かれた／アレゴリー的なプロジェクトとしてのユートピアは、歴史上で試みられた政治的・理論的なユートピア／ディストピアとの比較で、さらに記号論的四角形で対照項に置かれる閉じられた／シンボル的なプログラムであるユートピアとの対比において、なにかしらのイメージとしてのみ捉えられる存在にすぎないのかもしれない。それは、どこまでも「○○でなく、△△でもない」との中立項の定義のもとで、かろうじて理解可能なものである。だが、そうした未決性こそが開かれたユートピアの条件であり、そこにユートピアの真の可能性が潜んでいるのではないだろうか。(5) 概念による安易な表象も分かりやすい解釈も受けつけない、その意味でどこまでもアレゴリーを介した想像力を糧として接近する以外に手立てがないような存在だからこそ、ユートピアという未決のプロジェクトはこれまで多くの人びとを惹きつけてやまなかったように思われる。

ここまでの議論で、いささか抽象的で観念的に過ぎる回り道をあえてしてみた。そのうえで、シニカルな祭典だった東京2020オリンピックが一瞬であれ映し出し、〈わたしたち〉に感じ取らせた〈なにか〉を最後に考えてみよう。ここまでの議論から導かれる結論を言えば、コロナ禍という危機のもとで東京2020オリンピックと関わる中で瞬間的であれ垣間見えことの本質は、「みんなで！」との掛け声に踊らされ実感としての「参加している」に後押しされて祝祭に加担したことの罪でも、足元で広がるコロナ禍にもかかわらず以前と変わることなく平然と「いつものオリンピック」を伝え続けたメディア報道の無節操さでも、頑なな態度で「決断主義」を頼りなく繰り返した挙句、最後まで国民の信頼も支持も得られなかった政治の無策でもない。そこに微かであれたしかに感じ取られたのは、閉じられたユートピアたらんとするオリンピックを前にして、結局のところシニカルな態度のもとで諦念／無関心／忘却へと自らを水路づけていった〈わたしたち〉の姿である。ここまで見てきたように、コロナ禍のもとで大会を開催すること自体の意味がさまざまなかたちで問われた当時の情勢には、開かれたユートピアを想像する契機がたとえわずかであれ潜んでいたはずだ。だが実際には、ＩＯＣ・政府・大会組織委員会によって繰り返し突きつけられた数々の不条理を十分に理解したうえで、それをシニカルな態度で「かわす」ことしか〈わたしたち〉はできなかった。

だがはたして、当時の状況下でなにが可能だったのだろうか。そうした自問が湧いてくる。おそらくだれにとっても、深まりゆく危機のもとで祝祭を迎えるという不条理＝不可能に正面から対峙するのは、きわめて困難だったろう。その意味で、ここで浮かび上がった〈なにか〉を声高に論難することにさして意味はない。だが後知恵であることを自覚したうえであえてひとつだけ妄想を語れば、東京2020オリンピックを契機に一気に可視化された日常での多元的なパラレルワールドを前にして、無関心＝indifferenceをもって体良くやり過ごすのではなく、祝祭が言祝ぐ安易な「理想」とどこかで共鳴してしまうあり方とは「別なる」関わり方が試みられていたら、その後の〈わたしたち〉の姿もあるいは少し違っていたかもしれない。ここで最後の語源遊びをしてみたい。「別なる」を意味する英語 alter の語源は beyond（超え出る）＋ other（他者）であり、それは'make difference in some way'（なにかしらのやり方で違いを生み出す）を意味する。自己と異なる他者を超え出るとは、そこで互いに見える／感じられる違いをさらなる差異として作り出すことであり、それは indifference という他者との接し方の対極にある。もちろん、他者や多様性とのそうした関わりは容易でない。今の時代に盛んに喧伝されるダイバーシティ推しの方が、自らと異なる相手との関わりの作法としてよほど安易で気安いのは言うまでもない。だが、東京２０２０オリンピックで露骨なまでに演じられたＬＧＢＴをはじめとする差異の承認が結局のところ異なる存在への根底的な無関心のうえに成り立つ代物であることは、第３章で多元的なパラレルワールドという観点から、さらに第６章で in-difference の語源を振り返ることで論じたとおりだ。だからこそ、互いのあり方＝違いそれ自体を超え出るようなアレゴリカルな想像力をわずかであれ抱くことができれば、そこに別なる／開かれた祝祭への予兆が感じれたのではないだろうか。東京２０２０オリンピックという苦い経験を踏まえて、別なる想像力の可能性をしっかりと感じ取り、なにかしらのかたちで我がものとすること。それがこれからの〈わたしたち〉に求められている。

以上のように思考をめぐらすと、たしかに現在のオリンピックはユートピア的な企てだと言えるだろう。だが同時に指摘すべきより重要な点は、そこで理念と現実の双方で指向される理想の世界は、徹頭徹尾「閉じて」いることである。その意味で二一年夏にコロナ禍のもと開催された東京大会で打ち出された「バブル方式」、その成果を自賛したＩＯＣ委員が口にした「パラレルワールド」、さらに翌年二月に感染症対策をより徹底して実施された北京冬季大会で話題となった「クローズド・ループ」という一連の言葉づかいは、いま現在のオリンピックが向かうユートピアらしさの実像をはからずも指し示していたと理解できる。だが実のところ、そうした閉鎖／閉域としての夢の実現はユートピアの可能性ではなく、その理念と歴史における陥穽なのだ。その点を踏まえれば、現在のオリンピックはユートピア的だからこそスポーツにとどまらない広範な社会的意義を持つことが評価されるべきではなく、だれにとっても分かりやすく共感できるユートピアとして自らを正統化することで政治・経済・文化にわたり絶大な力を発揮しているという現実こそが問われねばならない。

貪欲なビジネスマインドを美辞麗句で覆い隠しながら世界を駆けめぐるシニカルな祭典。そこには、これまでの歴史に刻まれたユートピアとディストピアとの危うい関係の影がどこまでも付いてまわる。

オリンピック選手村／HARUMI FLAG建設工事前の湾岸エリアの風景。あくなき開発への夢はどのようなユートピアを人びとにもたらすのだろうか。
筆者撮影

注

（1）「オリンピック憲章」オリンピズムの根本原則4．

（2）第2章参照。北京オリンピックに関して以下を参照。*The Guardian*, 2022, Feb. 4th 'China opens Winter Olympics with peace doves and a mighty provocation', https://www.theguardian.com/sport/2022/feb/04/china-opens-winter-olympics-with-peace-doves-and-a-mighty-provocation（二〇二〇年一〇月九日閲覧）。

（3）カール・マンハイム『イデオロギーとユートピア』二〇〇六年、ポール・リクール『イデオロギーとユートピア――社会的想像力をめぐる講義――』二〇一一年、ルイ・マラン『ユートピア的なもの――空間の遊戯――』一九九五年、Levitas, R., *Utopia as Method:The Imaginary Reconstitution of Society*, 2013.

（4）フランス現代思想での「無為」をめぐる議論については、以下を参照。モーリス・ブランショ『明かしえぬ共同体』一九九七年、ジャン＝リュック・ナンシー『無為の共同体――哲学を問い直す分有の思考――』二〇〇一年。

（5）ルイ・マランは、「相反するものの「こちらでもあちらでもない」もの」として定義される「中性の」という特質にこそ、ユートピアの意義と独自性が潜んでいると論じる。グレマスの四角形の「中立項」の位置に「別なる」オリンピック、さらに「開かれた」ユートピアの可能性を見出そうとする本書の視座は、そうしたマランの議論と共通する。マラン前掲書、第一章「複数の中性的なものとユートピア」参照。

解体前の霞ヶ丘アパート敷地内に建っていた「昭和庚午年春吉日」と記された馬頭観世音（昭和庚午（かのえうま）は1930年）。64年東京五輪の際に建てられた戦後近代化の象徴とも言えるアパート／団地での生活においても、住民たちはその土地にまつわる戦前・戦中の歴史を刻んだ碑とともに日常を生きていた。
筆者撮影

終　章

シニシズムから脱するために

希望のありか

「東京2020オリンピックとはなんだったのか？」

この一見すると単純素朴に思われる問いを出発点として、一年の開催延期という異例の事態となったスポーツと平和の祭典について考えてきた。そこに浮かび上がったのは、コロナ禍のもとで強行された東京大会とはシニカルな祭典であり、その祝祭の開催に対して〈わたしたち〉もまたシニカルな態度で関わり続けてきたという歴然たる事実である。そこに垣間見えた社会をおおうシニシズムは、けっして東京2020オリンピックだけに関わることではない。それは〈わたしたち〉が生きるいま現在のこの社会の根底を成す〈なにか〉を、はからずも鮮明に映し出していたのだ。同時にそのことは〈わたしたち〉自身にとって、どこかしら不都合な事実である。なぜなら、コロナ禍でのオリンピック強行開催という当時だれの目にも無謀で無責任に映った暴挙の責任を、利権まみれのグローバル貴族や悪辣政治家だけに安易に帰することを許さないからである。一部の悪い奴らに相応の責任があるのと同様に、ほかならぬ〈わたしたち〉もまた、なにかしらのかたちでシニカルな祭典の開催に加担していた。その苦い経験を忘れるべきではないだろう。

東京2020オリンピックというシニカルな祭典が、今の社会を覆う閉塞感や絶望感を映し出していたのだとしたら、その窮状から〈わたしたち〉が脱するにはどうすればよいのだろうか。その可能性は、どこに、どのように潜んでいるのだろうか。まず言えることは、どこかしら暗鬱で後ろ向きなシニシズムへの対抗として明るく前向きなオプティミズム（楽観主義）を掲げることは、なんの解決にもならないという点である。その理由は、ここまで見てきたように東京２０２０オリンピックという祭典は根深いシニシズムとお気楽なオプティミズムの共在のもとで成り立っていたからである。科学的・客観的に捉えれば感染拡大の危険が明白だったにもかかわらず、あたかもそんなリスクは存在しないかのごとく開催方針を頑なに堅持した為政者たちのシニカルな政治的判断は、危機の最中であれ世紀の祭典が開催されれば大きな感動がもたらされ、そのことで社会と人びとに勇気が与えられ、そのお陰でなにかしら元気になれると期待した〈わたしたち〉のオプティミズムを見越してのことであった。この点を踏まえれば、朗らかで前向きなオプティミズムが今の時代の閉塞状況から脱する有効策になりえないことは明らかだろう。

では、ほかにどんな方途があるのだろうか。ここでマルクス主義文芸批評の大家として名高いテリー・イーグルトンの「希望」についての論考を参照しながら、未来に向けた可能性のありかについて考えてみたい。『希望とは何か――オプティミズムぬきで語る――』でイーグルトンは、これまでの思想家・哲学者による希望についての語りを縦横無尽に評しながら「希望なき時代の希望」の必要性を唱えている[1]。ここで重要なことはイーグルトンが照準する希望は、未来についてただ単にポジティヴな期待や予測を抱こうとするオプティミズムとは大きく異なる点である。むしろそこで語られるのは、現況の困難や問題にしっかりと向き合ったうえで安易な絶望やペシミズムに陥ることなく、厳しい現実とその先になおも希望を抱くような態度と立場である。そうした希望をめぐるイーグルトンの議論でとりわけ重視されるのは、各人の行為と時制との関係、より具体的に言えば自らの行為をどのような観点から捉えるのかという、歴史的時間の中での自らの位置づけと意味づけに関する認識であると思われる。ヴァルター・ベンヤミンの救済論／歴史論に関して、聖句の引用を交えながらそこでの過去・現在・未来という異なる時制の関係を解説するイーグルトンの議論は、いま現在求められている希望が、だれのどのような視座から己れの行いを省みることで生まれるかを示している。

ヴァルター・ベンヤミンにとって、行為の果実を宙づりにするということは、歴史の連続体を切り裂き、そこから出来事を取り出し、そうするなかでみずからの死を先取りすることを意味する。とりわけこの死の時点において、歴史的帰結は、少なくとも私たちにとっては重要ではなくなり、行為は純粋にそれ自体のためだけに執行されうるのである。人は、みずからの行為を永遠という立場から、どのようにみえるかを考え、行為のひとつひとつをあたかも、みずからの最後の行為であるかのように扱い、未来を現在のなかに折り込む――過去を（歴史主義がそうするように）未来や現在に折り込むのではなく――よう努めねばならない。このようにして人は、アイロニックに、歴史の内と外とに同時に位置して生きることができるのだが、それこそまさに聖パウロが「コリント人への第一の手紙」のなかで述べているような「世界と取り組むとき、あたかも世界になんの利害関係もないかのように取り組む」といった流儀をつらぬくことである。これは修道士のみならず革命家にも典型的な立ち位置である。(2)

東京２０２０オリンピックへの一連の取り組みの過程で、たしかに希望について多くのことが語られた。

その理由のひとつは、一九九〇年代のバブル崩壊以降に見舞われた「失われた二〇年」という絶望的なまでに閉塞感に満ちた時代を生きる人びとが「希望への希望」、つまり未来に希望があること自体を待望するような気分をどこかで求めていたからである(3)。だが、その希望は一九六四年の東京オリンピックという過去の成功物語へのノスタルジーに大きく依存していた。つまり未来に託された「希望への希望」は、実のところ「過去を未来や現在に折り込む」試みにほかならなかったのである。だからこそ、そこに「みずからの行為を永遠という立場から」捉えなおそうとする契機が微塵も感じられなかったのは、至極当然だろう。切望されていたのは、あくまで有限の現世を生きる〈わたしたち〉にとっての希望であり、それはいとも容易にオプティミズムへと回収されてしまう。

では、それと対照的なイーグルトンが唱える「未来を現在に折り込む」ことで生まれる希望とは、はたしてどのようなものなのだろうか。彼がいう「アイロニックに、歴史の内と外とに同時に位置して生きる」者たちが抱く希望は、今の社会のどこに、どのようにして見出されるのだろうか。もとよりそれはきわめて難解な思想的問いであり、安易に分かりやすい説明を与えるべきではないだろう。だがあえてここで、神学的な観念とも受けとめられがちな「死を先取りする」という歴史・時間感覚の意義について触れておきたい。ベンヤミンの歴史観を受けてイーグルトンが解説するように、自らの「死」という時点・地点からいま／ここでの行為を眺めることで、人は「歴史の内と外に同時に」身を置くことができる。そうであればそこで問われ／賭けられているものとは、ほかでもなく「死者との関係」である。自らの死＝終局の時点から、さらに生者である〈わたし〉ではなくすでに亡き存在と化した「あの者たち」の視座から自分自身を感じることができたとき、そこに「希望なき時代の希望」の可能性が浮かび上がるのではないだろうか。なぜなら、それこそが救済／革命としての希望になりうるからだ。逆に言えば、現世を生きる〈わたしたち〉が自らの立場や利害をもっぱらに求めて、その目的のために過ぎ去った時間を現在／未来に取り込もうとするかぎり、そこに修道士や革命家が持つことを求められる「あたかも世界になんの利害関係もない」かのような希望との関わりが生まれる余地はないだろう。

もとに戻せないことの価値

こうして死者と希望との関係を考えていくと、シニカルな祭典であった東京２０２０オリンピックに一瞬であれ垣間見えた可能性の意義があらためて明らかになる。第２章の最後で触れた開閉会式の一連の演出において異彩を放っていた「死者の表象」は、ここで考えてきた希望との関連で深い意義を持っていたと思われる。舞踏を通して為された死／死者の表象が訴えていたことの本質は、分かりやすい生者による死者の追悼ではあるよりは、いわく形容しがたい死者による生者の召喚である点を指摘した。紆余曲折のはてに上演されたいささか統一性を欠いた式典のもとで、当初から構想されていた「鎮魂と再生」というテーマがかろうじて映し出したのは死者の視点から、つまり有限の「わたし」を超えたより普遍的な死＝永遠のただ中で、今を生きる人びとの生を位置づける必要性であった。たしかに「死者の表象」が企てられた開閉会式での舞踏シーンは、明るく華やかであることを期待されるメガイベントの中である意味異様な雰囲気を醸し出していた。スタジアムが無観客だったこともあり、そこには不思議な静寂が漂っていた。だが、実のところ「死」という存在は人びとの日々の生業についてまわるものにほかならない。イーグルトンはあらゆる行為にまとわりつく「死という最終性」の根拠を「もとにはもどせない」点に見て取る。

いずれにせよ、あらゆる行為は、そのまわりに死という最終性を漂わせることになるが、それは、良きにつけ悪しきにつけ、あらゆる行為は、もとにはもどせないからである。(4)

希望の条件を語る文脈で述べたられたこの一文は、スポーツという社会的事象に潜む可能性をはからずも示唆しているようにも読める。思わず出てしまったミスや不覚にも負けを喫した試合だけでなく、驚異的な新記録誕生の瞬間や歴史に残る名勝負の帰結もまた、その場で一度起きた後には「もとにはもどせない」出来事である。そしていうまでもなく、そうした一回きりの勝負、賭け、気晴らしである点にこそ、社会的行為としてのスポーツ独自の魅力がある。だとすれば、行為遂行とその帰結がもとには戻せないことに本質があるスポーツは「死という最終性」を感じさせ、それゆえに希望を抱く契機となりうる可能性を秘めていると言えないだろうか。

ここで興味深いのは、スポーツにおける世界規模での祭典を自称するオリンピックは、スポーツが体現する一度かぎりの、もとに戻せない、その場で尽きるという指向性とは真逆の方向を今では目指している点である。オリンピックを通して実現が目指される理念に「レガシー(遺産)」や「サステナビリティ(持続可能性)」が加えられて久しいが、こうした新たに追加されたオリンピック理念に共通する特徴は、単なる祝祭で終わることなく後世へとポジティヴな遺産を引き継いだり、自然環境に配慮することで社会システム自体を末長く存続させることを目指したりする点で、継承や永続といった時間軸での連続性を重視する点に見て取れる。オリンピック・ムーヴメントのそうした動きは、第6章で論じた近年のオリンピックがますます「プログラム化」していく傾向と軌を一にしている。だがそれは皮肉にも、スポーツそのものを特徴づける一回性や刹那としての「もとにもどせな」さとは対極をなすものだ。ここにもまた、スポーツの祭典を標榜しながら、実際にはスポーツに潜む可能性の核心からかけ離れた方向へと自らをグロテスクなまでに膨張させていくグローバル・メガイベントのおぞましさが見て取れよう。

第7章で論じたように、現行のオリンピックという存在に「別なる」社会に向けた可能性を見て取ることはきわめて困難である。なぜならば、それはどこまでも閉じられたユートピアとして現実世界から乖離しつつ、どこかしらディストピアの影を感じさせる代物だからである。だが、オリンピックという祝祭の舞台に、さらにそこで熱戦を繰り広げるアスリートたちの姿を通して、たとえわずかであれ希望のかけらを見つけ出すことはいまだ可能だろう。そのために必要なことは、生き生きと躍動する身体によって演じられる世界とは一見すると対極に位置すると思われがちな「死という最終性」の視点から、スポーツを眺めるという想像力である。一瞬の勝敗の分かれ目であれ、驚異的なスピードで演じられる技であれ、死力を尽くした勝負の帰結であれ、スポーツに興じる身体が体現するもとに戻せないことの価値を「死を先取り」した視座から眺めることができたとき、そこにはきっとスポーツが感じさせる別なる世界の予兆が、これまでとは大きく異なる姿で浮かび上がるにちがいない。

東京2020オリンピックは、きわめてシニカルな祭典であった。これが本書を通して考えてきたことの結論である。長きにわたりこの社会を覆ってきた時代の空気と、そのもとで暮らす〈わたしたち〉が日々感じてきた閉塞感の原因と背景が、一年の延期という不測の事態のもとで混迷をきわめた東京2020オリンピックを分析することを通して浮かび上がった。それは紛れもなく〈わたしたち〉をめぐる不都合な事実であり、さらなる絶望感と行き場のなさを感じさせるものかもしれない。だが、そうした厳しい現実を直視することを通してしか、来るべき未来に向けた可能性をつかむことはできないだろう。その意味で、今あらためて東京2020オリンピックと〈わたしたち〉自身との関わりを問い直したここでの作業には、なにかしらの意義があったと信じたい。

注

（1）テリー・イーグルトン『希望とは何か——オプティミズムぬきで語る——』二〇二二年。

（2）イーグルトン前掲書、二二〇—二二一頁。

（3）東京2020オリンピックに対して〈わたしたち〉が抱いた期待と「希望への希望」の関連については、阿部潔『東京オリンピックの社会学——危機と祝祭の2020JAPAN——』第三章参照。

（4）イーグルトン前掲書、二二一ページ。

あとがき

東京2020オリンピックが開催された翌年となる二二年、コロナ禍のもとで敢行された世紀の祭典をめぐり三つの出来事があった。六月に河瀬直美監督による公式記録映画『東京2020オリンピック　SIDE：A』、『東京2020オリンピック　SIDE：B』が相次いで全国上映されたされた。同月末には、大会組織委員会から大部にわたる『東京2020オリンピック・パラリンピック競技大会公式報告書』が発表された。そして開催から一年後の八月、東京大会のスポンサー契約をめぐる贈収賄疑惑で大会組織委員会元理事の高橋治之が逮捕（その後起訴）された。

五月に開催されたカンヌ国際映画祭で公式上映され、終演後は拍手で迎えられたとの前評判であった河瀬作品は、日本国内ではさほどの関心を引かなかった。集客も振るわず、短期間で一般上映を終える事態となった。招致以降の取り組みと実績を詳細に記録した報告書は、収支記載の方法が不透明である点が各新聞紙上で指摘されたが、人びとの関心を集めることはなく、公式報告書の刊行をもって組織委員会は解散した。

他方、アパレルメーカー前会長から東京オリンピック・パラリンピック組織委員会 元理事への贈賄報道からはじまった疑惑は、スポンサー企業と組織委員会を仲介した広告代理店 電通の関係者、さらに別業種（出版）の関係者も巻き込んだ「オリンピックと金」をめぐるスキャンダルに発展し、世間の注目は高まった。一年前のメガイベントを多くの人が思い出したきっかけは、スポーツの意義でも祝祭を記録した映像でもなく、世紀の祭典の裏側で企てられた不正の暴露によってであった。

だが、こうしたなんとも残念な一年後のありさまを目の当たりにしても、おそらく多くの人はさして驚かないだろう。むしろ、「やっぱりね」とか「またかよ」との感慨を抱いたにちがいない。なぜなら、そうしたオリンピックの現実に〈わたしたち〉は以前から薄々気付いていたからだ。本来であればコロナ禍でのオリンピック開催という偉業を記録した映画や、そこに至るまでの苦難の道のりを記した報告書の中身に関心が向くことが期待された「一年後」は、実際には本書で述べた閉幕後に世間が示した忘却と無関心の延長線上で迎えられた。かろうじて話題となったのは、招致決定以降繰り返された不祥事の根底を成していた金と利権をめぐる不都合な事実の後始末だった。

本書では、新型コロナウイルス感染症のパンデミックのために開催延期を強いられて以降の東京２０２０オリンピックをめぐる社会の動静について、社会学的な分析を試みた。そこから浮かび上がったのは、なんとも気の滅入る〈わたしたち〉の姿である。だが、そうした自画像を描き出すことが、本書が挑んだ知的冒険の趣旨だったのだから、その結果を甘んじて受け入れるしかない。

はたしてこれから先、〈わたしたち〉はなにかしらの希望を抱いて、来る未来を築き上げられるのだろうか。正直、わたしにはわからない。ただひとつ言えるのは、第７章で述べた〈なにか〉はいまだにきわめて根深く現代日本を覆っているという厳しい現実である。今年九月、五五年ぶりの「国葬」（元首相 安倍晋三）が行われた。その是非をめぐり、さまざまな言葉と憤りが表明された。葬儀後に実施された世論調査は、半数以上の国民が国葬実施を「評価しない」との結果を示していた。それは政府・自民党の強引な「決断」に対して、世論が対峙する姿のように映る。だが、件の政治家が東京大会招致を獲得するべく口にした「アンダーコントロール」との言葉が虚偽にほかならないことを知りつつ、祝祭の到来をどこか待ち望んでいたこと、二〇一五年に起きた新国立競技場問題の幕引きをすべく「白紙撤回」を表明した姿に、どこかしら強いリーダー像を見て取ったこと、翌一六年リオデジャネイロ・オリンピック閉会式で「マリオ」に扮して登場した一国の首相の姿を、無邪気に面白がっていたこと、延期開催となった東京大会の意義を「人類が新型コロナウイルスに打ち勝った証」と気安く無責任に掲げた姿勢に、さして異論や疑問を投げかけなかったこと。こうした〈わたしたち〉が示してきた不都合な事実は、はたして国葬論争でどれほど思い起こされていたのだろうか。一見するとデモクラシーに不可欠な健全な民意とも映る世論動向の深層で蠢《うごめ》くシニカルさを透視することが、希望を取り戻すうえで大切に思えて仕方がない。

前書『東京オリンピックの社会学――危機と祝祭の２０２０ＪＡＰＡＮ――』のときと同じく、今回も刊行への道のりは難航を極めた。幸いなことに所属大学の出版助成を得ることができ、それをもって出版社との交渉を進めることが叶った。晃洋書房編集部の西村喜夫氏には、本書刊行に際して大変ご尽力いただいた。心よりお礼を申し上げる。

初出は以下の通り。ただし、すべて大幅に加筆修正している。

「ソーシャルメディア時代のメガイベント」『世界』岩波書店、二〇二一年六月号（第1章）。

「東京オリンピックとはなんだったのだろうか――不都合な事実とパラレルワールド――」『調査情報デジタル』TBSメディア総合研究所、二〇二一年九月六日配信（第3章）。

「〈憑き物〉としての東京五輪」『建築ジャーナル』建築ジャーナル、二〇二二年一月号（第4章）。

なお、本書刊行に際して、関西学院大学研究叢書（第249編）の出版助成を受けた。

二〇二二年一〇月

阿部　潔

文献一覧

阿部潔『スポーツの魅惑とメディアの誘惑――身体／国家のカルチュラル・スタディーズ――』世界思想社、二〇〇八年。

阿部潔『東京オリンピックの社会学――危機と祝祭の２０２０ＪＡＰＡＮ――』コモンズ、二〇二〇年。

雨宮処凛『祝祭の陰で２０２０―２０２１――コロナ禍と五輪の列島を歩く――』岩波書店、二〇二二年。

イーグルトン、テリー『希望とは何か――オプティミズムぬきで語る――』大橋洋一訳、岩波書店、二〇二二年。

池上彰・佐藤優『ニッポン未完の民主主義――世界が驚く、日本の知られざる無意識と弱点――』中公公論新社、二〇二一年。

石坂友司『コロナとオリンピック――日本社会に残る課題――』人文書院、二〇二一年。

伊藤晶亮『炎上社会を考える――自粛警察からキャンセルカルチャーまで――』中央公論新社、二〇二二年。

ウィリアムズ、レイモンド『長い革命』若松繁信・妹尾剛光・長谷川光昭訳、ミネルヴァ書房、一九八三年。

鵜飼哲『まつろわぬ者たちの祭り――日本型祝賀資本主義批判――』インパクト出版会、二〇二〇年。

小笠原博毅・山本敦久『東京オリンピック始末記』岩波書店、二〇二二年。

友添秀則・清水論編　特集「オリンピックの価値を問う」『現代スポーツ評論』第四四号、二〇二一年。

権学俊『スポーツとナショナリズムの歴史社会学――戦前＝戦後日本社会における天皇制・身体・国民統合――』ナカニシヤ出版、二〇二一年。

後藤逸郎『亡国の東京オリンピック』文藝春秋、二〇二一年。

ジェイムソン、フレドリック『未来の考古学Ⅰ　ユートピアという名の欲望』秦邦生訳、作品社、二〇一一年。

ジェイムソン、フレドリック『未来の考古学Ⅱ　思想の達しうる限り』秦邦生・河野真太郎・大貫隆史訳、作品社、二〇一二年。

白井聡『主権者のいない国』講談社、二〇二一年。

高島航『スポーツからみる東アジア史――分断と連帯の二〇世紀――』岩波書店、二〇二一年。

高橋原・堀江宗正『死者の力――津波被災地「霊的体験」の死生学――』岩波書店、二〇二一年。

武田徹『ずばり東京２０２０』筑摩書房、二〇二〇年。

ダヤーン、ダニエル＆カッツ、エリユ『メディア・イベント――歴史をつくるメディア・セレモニー――』浅見克彦訳、青弓社、一九九六年。

ダワー、ジョン『敗北を抱きしめて〈上〉――第二次大戦後の日本人（増補版）――』三浦陽一・高杉忠明訳、岩波書店、二〇〇四年。

東京オリンピック大会組織員会、'Olympic Games Tokyo 2020 Opening Ceremony 23 JUL 2021 20:00–23:30 United by Emotion CAST AND STAFF', 2021.

東京オリンピック大会組織員会、'Olympic Games Tokyo 2020 Closing Ceremony 8 AUG 2021 20:00-22:10 Worlds we share CAST AND STAFF', 2021.

東京オリンピック・パラリンピック競技大会組織員会、「東京２０２０オリンピック・パラリンピック競技大会公式報告書　第1部」、二〇二二年。

東京オリンピック・パラリンピック競技大会組織員会、「東京２０２０オリンピック・パラリンピック競技大会公式報告書　第2部」、二〇二二年。

ナンシー、ジャン＝リュック『無為の共同体――哲学を問い直す分有の思考――』西谷修・安原伸一朗訳、以文社、二〇〇一年。

ナンシー、ジャン＝リュック『あまりに人間的なウイルス――ＣＯＶＩＤ19の哲学――』伊藤潤一郎訳、勁草書房、二〇二一年。

谷口源太郎・寺島善一・澤田克己『日韓記者・市民セミナー　ブックレット5　東京２０２０五輪・パラリンピックの顚末

――併録　日韓スポーツ・文化交流の意義――』社会評論社、二〇二一年。

ブーアスティン、ダニエル『幻影《イメジ》の時代――マスコミが製造する事実――』後藤和彦・星野郁美訳、東京創元社、一九六四年。

ブランショ、モーリス『明かしえぬ共同体』西谷修訳、筑摩書房、一九九七年。

ベンヤミン、ヴァルター「歴史の概念について［歴史哲学テーゼ］」『ベンヤミン・コレクション1』浅井健二郎監訳、久保哲司訳、筑摩書房、一九九五年。

ボイコフ、ジュールズ『オリンピック　反対する側の論理――東京・パリ・ロスをつなぐ世界の反対運動――』井谷聡子・鵜飼哲・小笠原博毅監訳、作品社、二〇二一年。

本間龍『東京五輪の大罪――政府・電通・メディア・IOC――』筑摩書房、二〇二一年。

マラン、ルイ『ユートピア的なもの――空間の遊戯――』梶野吉郎訳、法政大学出版局、一九九五年。

マンハイム、カール『イデオロギーとユートピア』高橋徹・徳永恂訳、中央公論新社、二〇〇六年。

山田雄三『感情のカルチュラル・スタディーズ――『スクリューティニ』の時代からニュー・レフト運動へ――』開文社出版、二〇〇五年。

吉田修一『オリンピックにふれる』講談社、二〇二一年。

吉見俊哉編『検証　コロナと五輪――変われぬ日本の失敗連鎖――』河出書房新社、二〇二一年。

吉見俊哉『五輪と戦後――上演としての東京オリンピック――』河出書房新社、二〇二〇年。

リクール、ポール『イデオロギーとユートピア――社会的想像力をめぐる講義――』ジョージ・H・テイラー編、川﨑惣一訳、新曜社、二〇一一年。

レンスキー、ヘレン・ジェファーソン『オリンピックという名の虚構――政治・教育・ジェンダーの視点から――』井谷恵子・井谷聡子監訳、晃洋書房、二〇二一年。

若林幹夫『未来の社会学』河出書房新社、二〇一四年。

若林幹夫『ノスタルジアとユートピア』岩波書店、二〇二二年。

Chadwick, A., *The Hybrid Media System: Politics and Power Second Edition*, New York: Oxford University Press, 2017.

Jameson, F. 'Forward' in A. J. Greimas, *On Meaning Selected Writings in Semiotic Theory*, London: Frances Pinter, pp. XI-XXII, 1987.

Levitas R, *Utopia as Method: The Imaginary Reconstitution of Society*, London: Palgrave Macmillan, 2013.

索　引

〈さ 行〉

〈た 行〉

《著者紹介》
阿部　潔（あべ　きよし）
1964年　名古屋市生まれ
1992年　東京大学大学院社会学研究科博士課程単位取得退学．博士（社会学）
現在，関西学院大学社会学部教授

専攻
社会学，カルチュラル・スタディーズ，メディア／コミュニケーション論

主要著書
『東京オリンピックの社会学――危機と祝祭の2020JAPAN――』コモンズ，2020年．
『監視デフォルト社会――映画テクストで考える――』青弓社，2014年．
『スポーツの魅惑とメディアの誘惑――身体／国家のカルチュラル・スタディーズ――』世界思想社，2008年．

関西学院大学研究叢書　第249編
シニカルな祭典
――東京2020オリンピックが映す現代日本――

2023年2月20日　初版第1刷発行　　＊定価はカバーに表示してあります

著　者　阿　部　　潔©
発行者　萩　原　淳　平
印刷者　河　野　俊一郎

発行所　株式会社　晃　洋　書　房
〒615-0026　京都市右京区西院北矢掛町7番地
電話　075(312)0788番(代)
振替口座　01040-6-32280

装幀　HON DESIGN（小守いつみ）　印刷・製本　西濃印刷㈱
ISBN 978-4-7710-3699-4